북해 발트해 여행 스케치

베네룩스

북해 발트해
여행 스케치

베네룩독

이병원

북해 발트해 여행스케치의 발간을 준비하며 북해와 발트해를 생각해 봅니다. 북해는 유럽 대륙 북쪽 및 서유럽과 북유럽 사이에 있는 바다이며 스칸디나비아 반도와 영국, 베네룩스, 덴마크 사이의 대륙붕 위에 있는 유럽 대륙의 부속해이기도 합니다. 대서양, 노르웨이 해를 접하고 있고, 덴마크와 노르웨이 사이의 스케야락Skagerrak 해협과 덴마크, 스웨덴 사이의 케테겟Kattegat 해협을 통해 발트해와 연결됩니다. 라인강은 네덜란드를 거쳐 이 바다로 빠져 나오지요.

북해의 북쪽이라는 의미는 서유럽 중심으로 북쪽에 있다는 의미입니다. 서유럽의 독일과 베네룩스 3국인 벨기에, 네덜란드 그리고 룩셈부르크를 스케치해 봅니다. 북해와 바로 접해 있는 영국은 단순히 한 나라가 아닌 잉글랜드, 스코틀랜드, 웨일스 그리고 북아일랜드로 이루어집니다. 그리고 아일랜드 공화국은 별개의 나라로 영국은 EU에서 탈퇴하여 블랙시트가 되었지만 아일랜드 공화국은 EU회원국입니다.

Batiful을 아시나요? "이유없이 아름다운"이라는 의미랍니다. 우엥? Beautiful에서 E와 U가 빠졌지요. 영국과 아일랜드를 스케치해 봅니다.

발트해는 북유럽과 중앙유럽 또는 북유럽, 중앙유럽과 동유럽 사이에 위치한 바다입니다. 북유럽과 중앙유럽 혹은 북유럽, 중앙유럽과 동유럽의 경계를 이루기도 합니다. 발트해 북쪽에는 스칸디나비아 반도의 스웨덴과 동북쪽의 핀란드, 동쪽에는 러시아가 있습니다. 발트해에서 외해로 나가는 해로는 서쪽의 스카게라크 해협, 카테가트 해협과 독일의 킬 운하가 있습니다. 이 중에서 핀란드, 노르웨이 그리고 스웨덴을 스케치해 봅니다.

베네룩독 여행스케치는 독일의 프랑크푸르트에서 시작하여 룩셈부르크로 들어가 전철과 버스 등의 대중교통이 모두 공짜인 세계 최고 부유국의 혜택을 누려봅니다. 룩셈부르크에서 벨기에로 넘어가 수도 브뤼셀에서 오줌싸개 동상의 오줌 줄기를 감상하고 고디바 초콜릿과 와플을 맛봅니다. 루벤스가 사랑한 안트베르펜에서 《플랜더스의 개》에 나오는 네로가 눈 오는 날 추위에 떨다가 지쳐서, 사랑하는 개를 꼭 껴안고 성당 안에서 죽는 장면을 스케치해 봅니다. 루벤스가 한복 입은 남자를 그렸다는 말이 왜 나왔는지도 알아봅니다.

벨기에를 뒤로하고 히딩크와 풍차의 나라 네덜란드로 들어가 운하의 도시 암스테르담에서 반 고흐를 만납니다. 잔세스칸스의 풍차마을과 나막신 공장을 스케치하고 독일의 쾰른으로 향합니다. 웅장한 쾰른 대성당에 압도되어 봅니다. 서독의 수도였던 본을 거쳐 뤼데스하임의 티티새 골목을 한가로이 거닐어봅니다. 하이델베르크의 하이델베르크 대학교와 하이델베르크 성을 스케치하고 베네룩독 여행스케치의 시작점인 프랑크푸르트로 돌아와 괴테의 생가를 둘러보며 여행작가 대 선배인 괴테의 일생을 그려보며 그의 소박한 인간미를 느껴봅니다.

2권에서는 영국, 핀노스핀란드 노르웨이 스웨덴 여행으로 이어집니다. 영국 일주 여행스케치는 영국과 잉글랜드의 차이와 의미를 생각하며 영국과 잉글랜드의 수도인 런던에서 시작하며 대영박물관, 버킹엄 궁전, 빅벤과 타워브리지를 둘러보고 옥스퍼드 대학교의 수많은 칼리지들을 보며 캠브리지 대학교도 함께 살펴봅니다. 웨일스를 지나며 한국에서 최초로 순교한 토머스 선교사가 바로 이 웨일스에서 파송된 사실을 되새겨봅니다. 배를 타고 아일랜드 공화국의 수도 더블린의 기네스 맥주 박물관에서 오리지널 흑맥주로 더블린 시내를 내려다보며 목을 축여봅니다. 아모레퍼시픽 화장품의 이니스프리가 바로 아일랜드의 작은 호도섬의 이름임을 발견합니다.

더블린을 떠나 북아일랜드의 수도 벨파스트성에 올라 벨파스트 시내를 내려다보며 21세기의 문명화된 나라와 도시의 한복판에 이스라엘 예루살렘에서 보았던 장벽이 존재한다는 사실에 소스라치게 놀랐어요. 500여 년 전 종교개혁 이후 신구교간의 갈등이 아직도 이곳에서 벌어지고 있다는 것을 느낄 수 있었어요. 북아일랜드 벨파스트에서 배를 타고 다시 스코틀랜드의 수도 에든버러로 가서 1910년 에든버러 세계선교대회에 조선에서 25명이 이 대회에 참가하여 세계만방에 조선의 희망을 역설한 윤치호를 떠올려 봅니다. 에든버러성을 둘러보며 스코틀랜드에서 파송되어 중국 심양에서 최초로 한글 성서를 발간한 존 로스 선교사, 아프리카 빅토리아 폭포와 케냐의 키스무에서 만났던 탐험가로 알려진 리빙스톤 선교사가 바로 이 스코틀랜드 출신으로 에든버러의 도심에 그 동상이 세워져 있어요. 오늘날의 한국이 이렇게 잘 살게 된 것도 다 이 선교사님들의 덕분이라고 생각하며 영국에 감사의 마음을 전합니다. 스코틀랜드에서 리버풀로 와서 비틀즈 박물관 그리고 거리에서 청년 비틀즈를 만나며 한국의 TBS인 이병원이 BTS를 생각해 봅니다. "한국의 TBS"가 뭐냐고요? "한국의 털보사나이"라는 의미입니다. 영국 일주 여행스케치는 셰익스피어 생가와 박물관을 보고 거닐며 마무리합니다.

발트해의 핀노스 여행스케치는 핀에어 항공기로 핀란드의 수도 헬싱키로 날아가 다시 노르웨이 수도인 오슬로로 가서 김대중 대통령이 우리나라 최초로 노벨상을 받은 오슬로 시청을 찾아 그날의 감격을 다시 느껴보았어요. 한강은 노벨문학상을 스웨덴의 스톡홀름 시청사에서 받았지요. 노르웨이의 아름다운 피오르를 감상하며, 낭만의 프롬열차를 타고 베르겐의 어시장에서 블루베리를 먹으며 그리그의 페르퀸트를 듣고 오슬로로 돌아와 뭉크미술관에서 〈절규〉를 보며 양손으로 저의 얼굴을 찌그려봅니다.

노르웨이를 떠나 볼보와 이케아의 나라 스웨덴의 수도 스톡홀름의 시청사에 들러 한강이 노벨문학상을 받은 현장에서 대한민국의 자부심을 느껴봅니다. 노벨평화상만 노르웨이 오슬로에서 시상하고 나머지 노벨상은 모두 스웨덴 스톡홀름 시청사에서 거행됩니다.

바사호 박물관에서 1628년 첫 항해에서 타이타닉처럼 침몰한 바사호의 웅장함을 보며 베니스의 개성상인의 스토리를 떠올려봅니다. 스톡홀름에서 실자라인 크루즈를 타고 산타클로스의 나라인 핀란드의 수도 헬싱키로 와서 시벨리우스 공원을 거닐며 핀란디아를 들으며 양성평등의 화장실도 체험해 봅니다.

암석을 파내어 만든 암석 교회는 북유럽의 자연 친화 정신을 그대로 담고 있으며, 건축가와 지휘자가 함께 설계한 독특한 음향 공간에서는 예배뿐만 아니라 다양한 음악회와 결혼식도 열려 헬싱키 시민들의 문화공간이기도 합니다. 이렇게 핀노스 여행스케치는 과거에 부산에서 열차를 타면 신의주와 러시아를 거쳐 유럽의 마지막 역인 헬싱키 중앙역에 내렸듯이 다시 열차로 핀란드 헬싱키까지 여행할 수 있는 날을 기대하며 마칩니다.

2025년 4월
이병원

북해 발트해 여행 스케치

베네룩독

여행을 시작하며

안녕하세요? 오랜만에 여행스케치를 하게 되어 반가워요. '베네룩스'는 들어보셨는데 '베네룩독'은 조금 생소하지요? 베네룩스 3국은 알겠는데 베네룩독은 뭐지? 베네룩독은 제가 베네룩스에 독일을 더해 '베네룩독'으로 불러 봤어요.

베네룩스 3국을 보기 위함이지만 옆 나라인 독일도 함께 둘러볼 예정입니다. 대한항공이 독일의 프랑크푸르트로 직항편이 있어서 독일의 본Bonn, 하이델베르크Heidelberg, 쾰른Köln, 코헴Cochem 등등의 도시들도 방문해 볼 예정입니다.

프랑크푸르트 하면 무엇이 생각나나요? 저는 1992년 고 이건희 회장님의 프랑크푸르트 선언이 생각납니다. 마누라와 자식 빼고는 다 바꾸라고 삼성의 임직원들에게 선언을 한 이후 삼성이 놀랍게 바뀌어 글로벌 탑에 올라서게 되었지요.

그런데 최근 이 말을 한 분이 계시지요. 바로 국민의 힘 혁신위원회 인요한 위원장 님이 국민의 힘은 마누라와 자식을 빼고 다 바뀌어야 한다고 했어요. 한국의 기업은 1~2류인데 정치는 3~4류라는 말도 함께 했으면 좋았겠다는 생각이 듭니다. 일단 정치라는 단어만 들어도 머리가 아파요. 타이레놀 한 알 먹어야 하나?

독일의 프랑크푸르트로 들어가서 코헴과 트리어를 방문한 다음 룩셈부르크, 벨기에 그리고 네덜란드를 둘러보고 다시 독일로 들어와서 쾰른, 코블랜츠, 뤼데스하임 그리고 하이델베르크를 방문한 다음 프랑크푸르트로 돌아와 귀국할 예정입니다.

둘러볼 나라들과 도시들만 열거하는데도 가슴이 뜁니다. 룩셈부르크의 수도는 어디일까요? 잘 생각이 나지 않지요? 참 쉬워요. 왜 쉽냐고요? 이미 알려드렸으니까요. 싱가폴의 수도는 어디인가요? 싱가폴이죠. 마찬가지로 룩셈부르크의 수도도 룩셈부르크입니다. 참 쉽죠잉?

룩셈부르크는 싱가폴보다 클까요? 작을까요? 도시국가인 싱가폴보다는 클 것이라는 생각이 들지만 인구로 보면 싱가폴의 1/10인 65만 명 정도인 아주 작은 나라입니다. 그런데 룩셈부르크는 왜 작지 않은 나라로 인식되어 있을까요? 아마 1인당 국민소득이 세계 최고 수준이라서 큰 나라로 인식된 것 같아요. 아무튼 룩셈부르크는 엄청 잘 사는 나라입니다.

벨기에 하면 무엇이 떠오르는가요? 고디바 초콜릿? EU 본부가 있는 브뤼셀? 예! 맞아요. 저에게는 벨기에 하면 붉은 악마가 떠올라요. 대~한민국 쫘자자~쫘짝! 이거 한국의 것이 아닌가요? 원조는 벨기에 축구팀을 응원할 때 붉은 옷을 입고 뿔 달린 붉은 모자를 쓰고 응원을 해서 붉은 악마로 불렀답니다. 우리도 그렇게 해서 2002년 월드컵부터 붉은 악마가 되었어요. 붉은 악마의 원조는 벨기에랍니다.

네덜란드는 무엇으로 유명한가요? '네덜'에는 낮은 의미가 있고, '란드'는 랜드라는 땅의 의미가 있어서 해수면보다 낮은 땅의 네덜란드로 알려져 있지요. 낮은 땅으로 흘러 들어온 물을 퍼내기 위해 풍차를 만들어 물도 퍼내고 방앗간의 역할도 하며 아름다운 이색적인 풍물이 되었지요.

또 튤립을 재배하여 수출하는 아름다운 튤립으로 잘 알려져 있어요. 튤립을 포함한 화훼산업이 발달하여 많은 종류의 꽃들을 수출한답니다. 팔려나가는 꽃의 뿌리에 묻은 흙이 계속 오랫동안 딸려나가서 네덜란드의 땅이 낮아졌나요?

네덜란드 하면 저는 히딩크를 떠올립니다. 2002년 월드컵에서 한국이 4강에 들어가도록 한국 축구대표팀을 지도한 명감독님이시죠?

골이 들어갈 때마다 어퍼컷 세리머니가 지금도 눈에 선합니다. 윤석열 대통령도 한 번씩 어퍼컷 세리머니를 하더군요.

히딩크 감독님은 한국대표팀을 이끌며 처음부터 갑자기 성적이 좋았던 것은 아닙니다. 부임 초기에는 시합만 하면 5:0으로 지기만 해서 별명이 '오대영 감독님'이셨지요. 오대영 하니까 조금 전에 언급했던 붉은 악마의 원조인 벨기에에게 우리 축구대표팀이 5:0으로 진 기억이 있어요.

네덜란드 프로축구팀에서 활약했던 선수로 아인트호벤의 허정무 선수와 이영표 선수가 생각나네요. 아무튼 네덜란드는 히딩크 말고도 조선시대에 표류해온 박연과 하멜이 있었지요. 박연은 조선에 정착해서 가정을 이루며 살았지만 하멜은 다시 탈출하여 표류기 책을 발간하여 조선을 세계에 알렸지요.

독일에 대한 설명은 다음으로 미루고 이제 프랑크푸르트행 비행기에 탑승해야겠어요. 이어지는 여행스케치를 기대해 주세요.

세계 최고의 인천국제공항

공항버스를 타고 여느 때와 다름없이 인천공항에 내려 항공사 창구에 가서 보딩패스를 받으며 여행 가방을 부치려고 했어요. 그런데 며칠 전에 대한항공에서 사전 좌석 배정을 신청하라는 카톡을 보내왔어요. 별로 고민하지 않고 공항에 가서 보딩패스 받으며 좌석을 배정받으려 했어요. 무언가 찜찜한 문구가 뇌리를 스쳐갑니다.

요즘 개별 여행객이 많아서 사전 좌석을 배정받지 않으면 화장실 근처와 같은 비선호 남은 좌석을 배정받을 수 있다는 문구였어요. 그래서 안내해 준 사이트로 접속을 시도했더니 생소한 양식이 나타납니다.

로그인에 회원번호와 비밀번호가 필요하답니다. 아~ 어디를 찾아보아야 회원번호와 비밀번호를 알 수 있을까? 참 막막했습니다. 요즘 가입한 기관이나 단체가 얼마나 많은데 아이디와 패스워드를 알려면 본인확인 등의 여러 단계를 거쳐야 하는데 다른 방법이 있지 않을까 하면서 헤매다가 드디어 회원번호와 비밀번호 없이 예약번호를 입력하면 제가 속한 그룹에서 저를 선택해서 좌석번호를 지정할 수 있다는 사실을 깨달았어요.

이 사실을 깨닫는 데는 상당한 시간이 걸렸어요. 깨에 소금을 섞으면 깨소금이 되죠? 그러면 깨에 설탕을 섞으면 무엇이 될까요? 우리가 끊임없이 추구하고 있는 깨달음입니다.

드디어 기차나 고속버스 예약처럼 좌석표에 이미 예약된 좌석은 X표로 표시가 되어 있네요. 물론 비즈니스석이 아닌 이코노미석 중의 빈 좌석 중에서 고를 수 있습니다. 그런데 이코노미석이라고 해서 모두 똑같지 않음을 발견했어요. 이코노미석 중에서 앞쪽에 파란색의 좌석이 많이 비어 있어서 재빨리 찍었어요. 아~ 뿔싸~. 이건 또 뭔가요. 앞좌석은 선호 지역이라며 7만 원의 추가 요금을 지불해야 한다고 합니다. 어쩐지 그 부분에 빈자리가 많더라 했는데 그런 이유가 있었네요.

주로 통로 쪽 좌석들이 대부분 X자 표시가 되어 있어서 X자 표시가 없는 좌석을 골랐어요. 아마 13시간 정도의 장거리 비행이라 화장실 갈 때에 타인에게 누를 끼치지 않으려는 배려심에서 통로 쪽 좌석을 선호하는 것 같아요.

어렵사리 겨우 생전 처음으로 사전 좌석을 배정받고 안도의 시간을 보내고 있는데 며칠 후 또 연락이 왔어요. 이번에는 마일리지 적립을 위해 회원번호를 출발 48시간 전까지 입력하랍니다. 마침 옛날 여권 표지에 붙여놓았던 회원번호 딱지를 간신히 찾아 드디어 마일리지 적립을 위한 회원번호도 입력했어요.

마일리지로 제주도 여행을 다녀온 적이 있어요. 조금만 더 적립하면 브라질 상파울루 정도의 왕복을 마일리지로 다녀올 수 있기에 갑자기 마음이 흐뭇해지고 행복감을 느꼈어요. 인생 뭐 있나요? 이런 소소한 재미가 모여 행복한 삶이 되지 않겠어요. 저는 이렇게 단순하답니다.

이제 비행기 좌석도 배정받았고, 두둑한 마일리지도 적립했으니 공항에 가서 보딩패스만 받고 짐을 부치면 되겠다고 생각했어요.

통상적으로 출발 세 시간 전에 공항에 도착하여 수속을 밟게 되지요. 예전에는 두 시간 전이었는데 요즘은 세 시간 전이라 이전보다 더 많은 시간을 면세점들의 사열을 받으며 공항로비를 어슬렁거려야 합니다.

요즘은 대한항공에서 전자 탑승권을 카톡으로 보내줍니다. 그러니까 공항에서 수십 년간 보아왔던 보딩패스를 받으며 짐을 부치던 그런 모습을 볼 수가 없어요. 3개월 전만 하더라도 항공사 창구에서 여 직원을 통해 보딩패스를 받고 짐을 부쳤어요. 지금은 그런 광경을 볼 수 없어요. 물론 전에는 인천국제공항 제1터미널이었고, 지금은 제2터미널입니다.

핸드폰에 저장된 전자 탑승권이 종이 탑승권을 대신합니다. 그러면 짐은 어떻게 부칠까요. 창구에 사람이 없어요. 음식점의 키오스크처럼 전자 탑승권을 화면에 갖다 대랍니다. 핸드폰의 탑승권 큐알코드를 갖다 대면 오른쪽의 짐을 싣는 컨베이어 벨트의 유리문이 열립니다. 짐을 컨베이어 벨트에 올리고, 배터리나 라이터 같은 기화성 물질이 있느냐고 물어요. 당연히 없다는 메뉴를 두세 번 누르고 나면 뚜루뚜루 하는 소리와 함께 짐에 붙이는 태그가 나옵니다. 이 태그의 접착면의 종이를 떼어내고 여행용 가방 손잡이에 말아서 붙입니다. 그리고 확인을 한 번 꾸~욱 누르니 유리문이 닫히고 단말기에서 확인증이 나오는군요. 휴~우~. 이렇게 해서 보딩패스와 짐 부치는 일을 끝냈답니다.

비교적 자주 인천국제공항을 이용하는 편이지만 오늘 전혀 새로운 경험을 했어요. 창구의 직원이 하던 일들을 제가 다 해야 했어요. 인천국제공항에 도착하여 대한항공 직원 한 명도 만나지 않고 짐까지 부치고, 출국심사도 자동으로 해서 출입국 직원을 만나지 않고 출국장을 통과하여 면세점까지 왔으니 이제 비행기를 타고 프랑크푸르트로 가는 일만 남았어요.

세계 약 70개 나라의 공항을 다녀봤지만 인천국제공항만큼 선진화되고 앞선 공항을 본 적이 없어요.

낯선 수속 절차에 다소 당황했지만 차분히 배운다는 자세로 하나하나 겪어보며 저의 무식이 탄로 나지만 부끄러움보다는 놀라움에 다시 설명을 드릴게요.

잠깐 퀴즈! 모든 것 다 배웠는데도 여전히 배우라는 사람이 있어요. 누구일까요? 영화배우입니다.

인천공항에서 보딩패스를 받아 짐을 부치던 일들이 이제 자신이 인터넷으로 좌석을 배정받아 보딩패스까지 SNS로 받게 됩니다. 짐도 항공사 직원의 도움 없이 키오스크와 같은 화면 터치를 통해 짐을 부쳤어요.

출국수속이 이렇게 간편화된 것이 인천국제공항만 이런 것인지 다른 나라의 국제공항도 이런 것이 있는지는 모르겠으나 제 생각으로는 인천국제공항이 세계에서 가장 앞서가고 있음을 느낄 수 있어요.

다른 한편으로는 공항의 수많은 창구마다 직원들이 있었는데 이제 기계로 공항 창구업무를 대신하니 그 많던 직원들은 모두 어디로 갔을까? 혹시 실직은 당하지 않았을까 하는 걱정이 됩니다. 기계로 인한 실직의 걱정이 100년 전에 산업화 과정에서 일어났는데 4차 산업혁명이 일어나고 있는 현대의 생활에서도 100년 전과 똑같은 걱정을 하고 있다는 것이 아이러니합니다.

이제 출국심사를 자동으로 받고 해당 게이트를 찾아가며 면세점 순례를 겸하게 됩니다. 이륙 30분쯤 전에 게이트를 통해 비행기에 탑승할 때에도 여권과 핸드폰의 전자 탑승권의 큐알코드 확인으로 탑승하여 좌석에 앉게 됩니다.

새벽에 집을 나와 다섯 시간 반이 지나 비행기가 이륙합니다. 대낮의 창 쪽 좌석의 햇빛이 따갑습니다. 그래서 창문의 가리개를 손으로 내리려고 하니 창문 가리개가 없어요. 이게 어떻게 된 것이죠? 옆 사람에게 물어보려니 저도 나름대로 체면상 주저하게 되네요. 쉬운 말로 하면 쪽팔리기 싫다는 의미입니다.

갑자기 이 비행기에서 창문 가리개의 톡 튀어나온 손잡이 부분을 찾을 수 없는 촌놈이 되었어요. 한숨을 돌이키며 머리를 굴리면서 눈알도 함께 굴렸어요. 궁하면 트이는 법이죠? 아니나 다를까? 창문 밑에 동그란 버튼이 하나 저를 노려보고 있네요. 원형의 위쪽 반은 하얀색 아래쪽 반은 검은색입니다. 공은 굴리라고 있는 것이고, 버튼은 누르라고 있는 것이죠? 살그머니 버튼을 하양까망의 위와 아래로 눌러보니 위쪽 흰색을 누르면 창문이 밝아지고, 아래쪽 검은색을 누르니 창문이 깜깜해집니다. 참 신기합니다. 이런 창문을 승용차나 집안 창문에 설치하면 차량에는 코팅이 필요 없고, 집 창문에는 커튼이 필요 없겠다는 엉뚱한 생각을 해 봅니다.

석 달 만에 다시 찾은 인천공항과 비행기에서 참 많은 색다른 경험을 하며 앞으로의 세상은 이보다 더 빨리 변할 텐데 잘 적응할 수 있을까 걱정도 되지만 새로움을 체험하며 잘 적응만 하면 삶이 더 편리해지고 행복도 커질 것이라고 기대해 봅니다. 읽어 주심에 감사드립니다.

Shetlandinseln
Bergen
Orkney-inseln
Oslo
Highlands
Edinburgh
Skagerrak
Göteborg
Kattegat
Newcastle
Nordsee
DÄNEMARK
Kopenhagen
Malmö
Leeds
Bornholm
Manchester
Sheffield
Helgoland
Kiel
Rügen
Friesische Inseln
Rostock
BIRMINGHAM
HAMBURG
Friesland
Amsterdam
NIEDERLANDE
Bremen
Norddt. Tiefland
Den Haag
Hannover
LONDON
Rotterdam
BERLIN
DEUTSCHLAND
Str. v. Dover
BRÜSSEL
Dortmund
Harz
Düsseldorf
Lille
KÖLN
Leipzig
BELGIEN
Bonn
Le Havre
Dresden
Deutsche Mittelgebirge
Frankfurt
Luxemburg
Reims
PARIS
Nürnberg
Stuttgart

독일 ≫

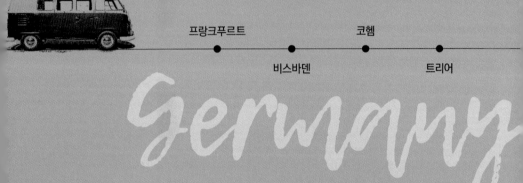

프랑크푸르트   코헴

비스바덴   트리어

Germany

독일과 프랑크푸르트

　인천국제공항에서 열세 시간 정도 비행하여 드디어 독일의 프랑크푸르트 공항에 내렸어요. 입국 심사 직원이 한국말로 웃으며 "안녕하세요?" 하며 인사를 합니다. 참 친절했어요. 짐을 찾아 공항 밖으로 나오니 날씨는 한국보다 3~4도 낮은 다소 쌀쌀한 편입니다.

　독일의 인구는 8,300만 명 정도로 유럽에서 러시아에 이어 두 번째로 많은 나라이자 유럽연합EU 회원국 중 인구가 가장 많은 나라입니다. 독일에서 인구가 많은 도시는 베를린Berlin이고, 주요 금융 중심지는 프랑크푸르트Frankfurt이며, 가장 넓은 도시권은 루르Ruhr입니다. 국민소득GDP도 세계에서 4위로 잘 사는 나라입니다. 마르틴 루터의 종교개혁의 나라로 개신교와 가톨릭이 각각 31% 정도이고 이슬람교도 4% 정도입니다.

962년에 형성된 독일왕국은 신성로마제국의 대부분이며 16세기 동안 북독일 지역은 종교개혁의 중심지가 되었어요. 1806년 나폴레옹 전쟁으로 인한 신성로마제국의 해체 후에 독일연방이 결성되어 1871년 프로이센과 프랑스 간 전쟁을 통해 독일제국이 성립되어 현대의 국민국가로의 공식적인 통일이 이루어졌어요.

제1, 2차 세계대전을 거치며 서독의 독일연방공화국과 동독의 독일민주공화국의 두 개의 국가가 되었어요. 동독에서 공산주의 정부가 몰락한 이후 독일이 재통일이 되어 1990년 10월 3일에 독일연방의회 공화국이 되었어요.

베를린 장벽이 무너지고 동독과 서독이 통일되었던 그 감격이 지금도 새록새록 떠오르네요. 동독의 한 관리가 생방송 인터뷰 중 국경이 언제 열려 자유로운 왕래가 가능하냐는 기자의 질문에 바로 지금이라는 그 말을 듣고 동독 사람들이 국경으로 한꺼번에 몰려들어 불가항력적으로 동·서독의 벽은 한순간에 무너졌어요.

그런 통일이 우리에게도 왔으면 좋겠어요. 전혀 예상치 못한 방법으로 말이죠. 동·서독의 벽이 무너지는 순간에도 서독 콜 수상도 알지 못했답니다. 그러고는 통일 독일의 수상이 되었지요. 공산 진영과 자유 진영이 대립하던 시기에 서독의 한 목사님이 어린 딸을 데리고

베를린 장벽(1961년 8월 13일~1989년 11월 9일)

동독으로 가서 키운 딸이 바로 최근까지 통일 독일의 총리를 한 메르켈 총리죠.

우리나라가 어려울 때 미국의 케네디도 박정희 대통령을 문전박대할 때에 서독은 한국의 광부와 간호사들을 받아주어서 우리 경제에 큰 밑거름이 되었어요.

박정희 대통령이 서독을 가는데 비행기가 없어서 미국의 노스웨스트 항공을 예약했는데 이것마저 취소되어 서독의 뤼브리케 대통령이 내어준 루프트한자 독일 비행기로 서독을 방문하여 석탄이 묻은

얼굴의 광부와 간호사를 끌어안고 우는 박정희 대통령에게 뤼브리케 대통령이 손수건을 건네며 우리가 도와줄 테니 울지 말라는 그 장면은 생각할 때마다 눈물이 납니다.

차범근이 활약한 독일, 손흥민이 활약하다가 영국 프리미어로 가서 세계적인 톱스타가 된 그 나라가 독일입니다. 모스크바 월드컵에서 전 챔피언 국가가 어이없게도 한국에게 덜미를 잡혀준 독일은 모든 면에서 참 고마운 나라죠. 그 나라에 왔어요.

이제 프랑크푸르트 공항에 내려 비스바덴Wiesbaden으로 가려고 합니다.

프랑크푸르트와 비스바덴

프랑크푸르트Frankfurt 하면 삼성 이건희 회장님과 국민의 힘 인요한 혁신위원장님의 '누구누구 빼고는 다 바꾸라'는 말을 잊어버리지는 않으셨죠?

프랑크푸르트는 독일 중서부 헤센 주의 최대 도시이며, 베를린Berlin, 함부르크Hamburg, 뮌헨München, 쾰른Köln 다음으로 독일에서 다섯 번째로 인구가 많은 도시입니다. 독일의 행정수도는 베를린이고, 경제수도는 프랑크푸르트라고 할 만큼 프랑크푸르트는 독일의 경제 중심지입니다. 따라서 프랑크푸르트에 유럽 중앙은행과 증권거래소가 있어서 영국의 런던London과 함께 유럽의 금융 중심지 역할을 하고 있어요.

전 세계 주요 도시와 직항 노선이 개설된 프랑크푸르트 국제공항

　프랑크푸르트는 지리적으로 유럽의 중앙에 자리하고 있어서 교통의 요충지입니다. 한때 세계 제2위 규모였던 프랑크푸르트암마인 공항에 인천국제공항을 비롯한 전 세계 주요 도시의 국제공항과 직항 노선이 개설되어 있어요. 그래서 오래전에 비엔나Vienna와 프라하Praha의 동유럽 여행을 할 때에도 프랑크푸르트암마인 공항을 통해서였는데 이번 베네룩스 여행에도 이 공항을 이용하게 되었네요.

　수도 베를린보다 오히려 프랑크푸르트로 우리나라 항공편이 직항으로 들어와요. 국적기 직항은 여러 면에서 편리하고 좋아요. 우선 기내식 중 비빔밥은 일품이죠. 또 홍콩, 도쿄, 두바이, 방콕, 이스탄불 등을 경유하지 않고 바로 오니까 시간이 절약되죠. 그리고 저처럼 영

프랑크푸르트 라인강

프랑크푸르트 뢰머광장

프랑크푸르트에서 태어난 괴테

이를 못해도 식사, 음료, 맥주, 와인 주문을 한국말로 하니 스튜어디스 아가씨와 소통이 너무너무 잘돼요. 이러다 비행기에서 체중이 늘게 생겼어요.

프랑크푸르트암마인은 유서 깊은 도시로 18세기에는 황제대관식이 거행되었고, 독일의 대문호 괴테Goethe, 1749~1832가 태어난 괴테의 도시로도 유명합니다. 프랑크푸르트 대학교와 독일 내 진보적 민주개혁 세력의 수도로서 각종 사회적 변화를 주도하고 있어요.

프랑크푸르트에는 삼성, 현대와 같은 한국의 여러 기업들이 진출해 있고, 대한민국 영사관도 있어요. 혹시 여권을 여기서 잃어버리면 바로 여권 재발급도 가능하답니다. 그렇다고 여권을 일부러 잃어버릴 필요는 없겠지요.

2002년 한일월드컵 다음에는 어디에서 월드컵이 개최되었을까요? 이렇게 묻는 이유는 뻔하지요? 바로 독일 월드컵으로 프랑크푸르트에서도 경기가 치러졌어요. 프랑크푸르트 발트슈타디온에서 이천수 선수의 프리킥과 안정환 선수의 중거리 슛으로 토고를 2:1로 격파하여 프랑크푸르트는 한국이 월드컵 도전 역사상 최초로 해외에서 첫 승리 기념의 도시입니다.

프랑크푸르트암마인 공항에서 30분 정도 달리니 오늘 묵을 비스바덴Wiesbaden이 나옵니다. 비스바덴 하니 바덴바덴이라는 단어가 떠오르지요? 1980년대 초에 독일의 바덴바덴에서 1988년 올림픽 개최지를 발표했지요. 사마란치 올림픽조직위원장이 '서울'이라는 단어를 말하는 순간 조상호 한국올림픽조직위원회 위원장과 함께 자리하던 한국대표단이 손을 들고 환호하며 단상으로 달려나가던 그 장면이 아직도 생생합니다.

그때 그 기쁜 장면에서 한 분은 덤덤하게 미소만 지은 분이 계시지요. 88올림픽 개최를 위해 총괄 지휘를 하며 가장 노력을 많이 한 분이 현대그룹의 고 정주영 회장님입니다. 일본은 나고야에서 개최하기 위해 홍보를 엄청 많이 해서 당연히 나고야로 결정될 것이라고 생각했지요. 심지어 한국의 국무총리마저 서울은 승산이 없다고 했다지요. 일본은 전자시계를 위원들에게 선물로 주었으나 정주영 회장님은 매일 아침 장미를 한 송이씩 행사 기간 동안 위원님들께 드렸답니다. 고급시계보다 장미 한 송이가 위원님들의 마음을 움직인 것 같아요.

서울로 개최지가 결정되는 순간에 정주영 회장님의 덤덤했던 이유는 탈락한 이웃 일본은 앞으로 계속 경제적 파트너이기에 너무 기뻐하면 앞으로의 비즈니스에 지장을 줄 수 있기에 자제를 했었답니다. 그런 깊은 뜻이 있었는지는 당시에는 알 수 없었어요.

도스토옙스키가 《도박사》의 영감을 받았다고 하는 비스바덴의 카지노 쿠르하우스

　왜 바덴바덴에서 이 회의가 열렸을까요? 바덴바덴은 독일에서 온천휴양지로 유명합니다. 오늘 묵을 비스바덴도 바덴바덴과 쌍벽을 이루는 온천지로 유명하며 북쪽의 니스 또는 독일의 강남으로 불리며 백만장자가 만 명 이상 사는 웰빙 부자 동네입니다. 그러다보니 집값이 비싸고 유명한 명품을 싸게 살 수 있는 숲속의 온천이라는 의미의 독일의 대표적인 휴양도시입니다.

　요하네스 브람스 Johannes Brahms, 1833~1897가 비스바덴의 숲속을 거닐면서 교향곡 제3번을 작곡했고, 표도르 도스토옙스키 Fyodor Dostoevsky,

1962년 비스바덴 콘서트에서 피아노를 파괴하는 플럭서스 멤버들과 백남준

1821~1881는 이곳 카지노에서 돈을 잃은 경험으로 《도박사》라는 소설을 썼다고 해요. 1962년 백남준 등이 참여한 전위예술인 플럭서스 운동 그룹이 비스바덴에서 결성되어 콘서트를 개최하며 피아노를 해체하는 퍼포먼스를 선보인 곳이기도 해요.

비스바덴 온천에 도스토옙스키, 괴테, 브람스 그리고 네로 황제와 같은 유명인들이 피부병과 류머티즘 등의 병을 치료하기 위한 장기 요양을 위해 찾았으나 필자인 저는 이들처럼 유명하지도 못하고 저런 병들이 없어서 저들보다 더 행복하게 단기 체류하고 떠날 거예요.

비스바덴 코흐브루넨(끓는 분수)

비스바덴에서 가장 유명한 카이저 프리드리히 테르메 온천은 남녀 혼탕입니다. 갑자기 왜 눈에 총기를 뿜으며 집중을 하시나요? 들켰다고요? 여기에는 완전 나체로만 입욕이 가능해요. 점입가경입니다. 그 이유를 물어보니 수영복은 온천수가 뜨거워서 화학물질이 나올 수 있어서 착용 금지랍니다. 한국의 온천에도 이 규정을 적용하면 어떨까요? 이래서 유명인들이 여기를 자주 찾았는지 알 수 없어요.

체면을 중요시하는 여성들을 위해 화요일은 여성만 이용할 수 있는 '여성의 날'이 있는데, '남성의 날'은 없어요. 이거 성차별 아닌가요? 그런데 여성의 날에 남성인 온천직원이나 경비원들은 그대로 근무를 해요. 아이러니죠? 부러우신 남성분들은 빨리 지원서를 작성해서 직원 채용에 도전해 보시길 바랍니다.

코헴과 포르타 니그라

　온천휴양지인 비스바덴의 미끈미끈한 온천수를 뒤로하고 두 시간 정도 달리니 코헴Cochem이 나오는군요.

　코헴은 모젤강변의 모젤계곡에 숨겨진 보물로 불립니다. 코헴에 들어서자 깔끔한 중세풍의 건물들이 우리를 맞이하네요. 모젤강변을 따라 다듬어 놓은 것처럼 보이는 모젤계곡의 경사진 포도원이 장관을 이룹니다. 포도나무도 노랗게 단풍이 드는군요.

　코헴은 역사적으로 보면 로마 시대로 거슬러 올라갑니다. 강변의 산책로를 따라 거닐다 보니 구시가지의 건축물과 성곽의 우뚝 솟은 포탑에서 수 세기의 역사를 느낄 수 있었어요. 아리송하다는 독일말

모젤 강변

인 애매모호?만 알아서 독일어로 된 역사의 설명을 도통 알 길이 없네요. 아무튼 코헴은 엄청 오래된 도시임에는 틀림이 없어요. 헷갈린다는 말의 불어는 알송달송, 일본어는 아리까리, 중국어는 갸우뚱, 아프리카어는 깅가밍가라네요.

모젤레 산책로에서 골목길로 접어드니 중세의 게이트 타워와 가드 하우스가 우뚝 앞에 나타납니다. 몇 발자국을 더 옮기니 18세기 바로크baroque 건축물인 시청이 랜드마크 역할을 해요.

구불구불한 돌계단이 있지만 오르기 쉬운 아스팔트 골목길을 따라 클로슈터베르크 언덕 꼭대기에 올랐어요. 언덕에 오르니 17세기에 개축된 수도원이 맞아 주네요. 수도원의 담장 아래의 모젤강을 보면서 다시 오르니 라이히스부르크 성이 나와요. 이 성은 11세기에 지어져 1689년에 전쟁으로 완전히 파괴되었으나 19세기에 현재의 복고풍 양식으로 재건되었어요.

코헴은 모젤강에서 가장 낭만적인 명소로 소문이 나서 여름에는 발을 디딜 틈도 없을 정도랍니다. 그 이유는 좁은 거리와 골목의 목조 주택이 연출하는 중세의 분위기와 모젤강 그리고 코헴을 지키는 라이히스부르크 성 때문이랍니다.

Latte is horse 이야기를 할게요. 오랜만에 영어를 하니 혀가 잘 구르지 않아요. '라테 이즈 홀스'는 "나 때는 말이야!" 하며 옛날이야기를 젊은이들에게 할 때 쓰는 말이에요. 옛날 옛적에 우리나라의 박정

코헴 라이히스부르크 (Reichsburg) 성

회 대통령께서 이 코헴을 방문하여 이 지역의 특산품인 리슬링 와인을 맛보고 감탄하여 우리나라에도 이 포도 품종을 심어 와인을 생산하면 좋겠다고 했어요. 이 지역의 토양과 기후가 비슷한 경상북도에 이 포도 품종을 심어 와인을 생산했어요. 바로 마주앙 모젤을 그대로 가져와서 마주앙 와인을 만들었지요.

드디어 한국산 와인을 마실 수 있었어요. 그 마주앙 와인이 코헴 와인이라는 사실에 놀랐어요. 당시에 상품명을 외국어로 할 수 없는 시절이었음에도 불구하고 그냥 마주보고 '앙~' 하는 이름 정도로 인식시켜 상표검열에 무사히 통과되었답니다. 코헴이 한국의 마주앙 와인의 원조임을 알게 되니 기술 지도와 상표 사용에 대한 로얄티도 제대로 주지 않았을텐데 조금 미안해지며 고마운 마음이 듭니다. 믿거나 말거나……

이곳 유럽은 9월에 시청 직원이 가장 바쁘답니다. 그 이유는 7~8월 바캉스를 다녀오고 나서 배우자의 진면목을 파악하였거나 썸씽이 생겨 이혼하는 커플이 급증한다고 해요. 유럽은 물과 화장실 인심이 아주 박해요. 호텔 객실에도 무료 생수가 없는 경우가 많아요. 식당에서도 물을 사 먹어야 해요. 재미있는 것은 물값이 장난이 아닙니다. 물 500ml 한 병과 생맥주 한 잔 그리고 와인 한 잔 값이 거의 같아요. 물이 약간 더 비쌀 때가 종종 있네요.

레스토랑에 가서 자리에 앉으면 식사 메뉴보다 먼저 무엇을 마실 거냐고 물어요. 물과 와인·맥주값이 거의 같기 때문에 입은 물을 원하지만 값을 생각하는 머리로는 생맥주나 와인을 주문하게 되네요. 물 한 잔에 6~7천 원을 내려니 아까운 생각이 들어요. 어쩌면 정수기 물일 수도 있잖아요.

독일의 아우토반 하면 속도 무제한으로 알고 있지요? 독일 사람들은 자동차 길을 아우토반이라고 불러요. 아우토반의 70% 정도는 속도제한이 있고, 속도제한이 없는 아우토반은 30% 정도 됩니다. 그런데 이 아우토반에 톨게이트가 없어요. 톨게이트가 없다는 말은 요금징수소가 없다는 의미이고 모두 공짜랍니다. 우리나라는 명절 기간만 무료이지요. 그러나 2005년부터 12톤 이상의 화물차에는 통행료를 부과시킵니다. 톨게이트가 없는데 어떻게 통행료를 징수할까요? GPS로 통행료를 징수한다고 해요.

코헴의 경사진 포도원 길을 따라 한 시간 반 정도를 달리니 2,000년의 역사를 자랑하는 세계문화유산의 도시이자 제2의 로마로 불리는 트리어Trier에 도착했어요.

트리어Trier는 독일에서 가장 역사가 깊은 도시랍니다.

바깥쪽에서 바라본 포르타 니그라(Porta Nigra)

안쪽에서 바라본 포르타 니그라

로마의 카이사르Caesar 시대부터로 역사가 며칠 후 방문할 쾰른의 역사처럼 올라갑니다. 카이사르는 영국의 룸비니움이라고 하는 런던까지 쳐들어갔어요. 트리어는 그 이전에 만들어진 도시니까 역사가 2,000년 이상이 됩니다. 서쪽 로마의 수도가 디오클레티아누스 황제 때 트리어입니다. 디오클레티아누스 황제의 왕궁은 아드리아해의 지금 크로아티아에서 본 기억이 납니다. 트리어는 당시 인구 10만 명 정도로 유럽에서는 파리 다음으로 큰 도시였어요.

5세기에 로마가 멸망한 후 트리어는 폐허가 되고 밀라노Milano로 수도를 옮겼어요. 동로마의 수도는 비잔티움Byzantium, 즉 지금의 이스탄불인데 약 1,000년간 지속되었어요. 트리어의 입구에 검은 문이라는 의미의 포르타 니그라가 우뚝 앞을 막아섭니다.

포르타 니그라Porta Nigra를 보니 실제로 검게 그을린 돌이 육중한 덩치로 쌓여 웅장함을 나타냅니다. 포르타 니그라의 안과 밖이 달라요. 포르타 니그라의 바깥쪽은 둥글게 튀어나온 곡선의 검은

트리어 카이저테르멘(황제의온천)

석조건물이고 안쪽은 직선으로 안과 밖의 느낌이 전혀 달라요. 그 이유는 아마 쳐들어오는 적들을 효과적으로 물리치기 위함이 아닐까 짐작해 봅니다.

포르타 니그라Porta Nigra는 원래 도시 방어용 성벽의 출입문이었는데 우리나라의 남대문과 동대문처럼 성벽은 사라지고 포르타 니그라만 덩그러니 자리잡고 있어요.

포르타 니그라를 통해 트리어 구시가지로 들어갈 수 있는데 포르타 니그라의 2~3층으로 올라가 구시가지 안과 밖을 볼 수 있어요. 그런데 입장료를 내야 합니다.

포르타 니그라는 트리어의 랜드마크입니다. 트리어 구시가지에 들어서니 이색적인 밝은색의 주현절 삼 왕의 하우스라는 동방박사 3인의 하우스가 나오네요. 이 건물은 1230년에 지은 건물로 지금은 레

트리어 마르크트 광장

스토랑으로 사용하고 있어요. 동방박사와는 아무런 관련이 없는데 왜 동방박사 3인의 하우스라 불렀을까요? 이 건물을 처음 건축했을 때에 건물 외벽에 동방박사 3인의 그림이 그려져 있었기 때문이랍니다. 그런데 동방박사가 세 명이었을까요? 성경 어디를 눈 씻고 찾아봐도 세 명이라는 말은 없어요.

동방박사가 한국 사람이라는 말을 들어 보셨어요? 당연히 못 들어보셨겠지요. 헤롯왕이 예수님의 탄생 소식을 듣고 두세 살짜리 남자아이를 모두 죽이게 했으니 베들레헴까지 2~3년 걸려 걸어갈 수 있는 거리에 있는 나라가 한국이고요. 당시에 박사과정의 대학원도 없었는데 무슨 동방의 박사입니까? 한국에는 그때에도 아무에게나 김 박사니 이 박사라는 칭호를 붙였기 때문에 동방박사는 동쪽의 한국에서 오지 않았나? 하는 엉뚱한 생각을 해봅니다.

당시 트리어의 성곽 규모가 6.4km나 되었고요. 성은 2세기경에 건축되었다는 기록이 있어요.

이 트리어에서 공산주의 창시자 칼 마르크스Karl Marx, 1818~1883가 태어났어요. 그래서 칼 마르크스 동상이 있고 생가도 있네요. 칼 마르크스의 생가는 상

칼 마르크스의 생가

　당한 고급 주택이군요. 칼 마르크스는 1818년에 목사의 아들로 태어
났으며 포도원을 가질 정도의 부자였음을 알 수 있어요.
　칼 마르크스 하우스는 브뤼켄가 10번지에 있고 마르크스가 1835
년까지 살았던 집으로 지금은 독일 사회민주당이 부지를 구매하여 마르크스와 사회주의사에 관한 박물관으로 사용하고 있어요. 마르크스의 두상이 부조된 대문 옆 벽면에 서서 사진을 찰칵했어요. 지금의 트리어는 마르크스 주제의 도시로 보입니다.

세계문화유산으로 등재된 트리어 대성당의 건물이 엄청 웅장합니다. 트리어 대성당은 독일에서 가장 오래된 벽돌로 지어진 로마 가톨릭 대성당으로 예수님의 수의가 보관되어 있는 성당입니다.

콘스탄티누스 황제의 모친 성 헬레나가 트리어로 오면서 예수님의 십자가에 박혀있었으면서도 못과 꿰맨 흔적이 없는 성의를 트리어로 가져와서 이 성당에 보관하고 있었어요. 이 성의는 1196년 제단을 보수하다가 발견되었어요. 이 성의는 1,300년 간 잠자고 있다가 1512년 막시밀리안 황제에 의해 일반인에게 공개되었어요.

트리어 대성당은 창문이 없는 로마네스크 양식의 11세기에 지어진 엄청난 규모의 성당이고 바로 옆에 규모는 트리어 대성당보다는 작지만 결코 작지 않은 고딕 양식의 성모교회가 대비되며 자리잡고 있어요. 완공 시기는 30년간의 시차가 있어요. 트리어 대성당은 신성로마제국의 황제를 선출할 투표권이 있는 선제후를 겸한 대주교가 있는 성당이라 규모가 엄청납니다. 유럽 여행은 성당 투어라 할 정도로 오래된 성당이 정말 많아요.

트리어 대성당

트리어 대성당 내부

룩셈부르크 »

룩셈부르크

Luxembourg

룩셈부르크의 수도는 룩셈부르크

독일의 트리어를 둘러보고 세 시간 정도 달리니 룩셈부르크 Luxembourg에 오게 되네요. 나폴레옹이 룩셈부르크를 둘러보고 나서 룩셈부르크를 유럽의 골동품이라고 불렀답니다. 룩셈부르크는 서유럽에 위치한 국가이며 대공이 통치하는 대공국입니다. 수도는 룩셈부르크로 룩셈부르크는 세계에서 국민 소득이 가장 높은 나라 중 하나입니다. 버스와 전철이 무료입니다. 룩셈부르크 시내에서 버스와 전철을 번갈아 타보았는데 진짜 공짜였어요. 대중교통이 무료인 나라 처음으로 경험해 보았어요. 세계 최대의 철강업체 아르셀로미탈의 본사가 룩셈부르크에 있어요.

룩셈부르크 대공국Grand Duchy of Luxembourg은 전 세계에서 유일하게 남아있는 대공국으로 입헌군주제 하의 대의민주주의 국가입니다. 베네룩스 3국 중 하나로 동쪽으로 독일, 서쪽으로는 벨기에, 남쪽으로는 프랑스에 접해있어요. 1839년 런던조약 이후 독립하기 전까지 부르고뉴가, 합스부르크가, 프랑스, 네덜란드 등이 차례로 지배하였어요. 20세기에는 유럽 통합에 있어서 촉매제 역할을 하였어요.

룩셈부르크 대공국은 의회민주주의를 표방하며 사법권, 행정권, 입법권이 분리되어 있으나 다른 국가에 비해 입법과 행정의 분립은 불분명한 편입니다. 국가원수인 대공은 수상 및 각료를 임명할 수 있어요. 의회는 5년 임기의 단원제로 의원 총수는 60명이고 주요 정당으로는 기독사회당, 룩셈부르크 노동사회당, 민주당, 녹색당 등이 있어요. 주요 사법기관으로는 헌법재판소와 고등사법재판소, 행정재판소 등이 있어요.

룩셈부르크는 유럽연합, 경제협력개발기구, 유엔, 북대서양조약기구, 베네룩스 경제연합의 창립 회원국이며, 수도 룩셈부르크에는 유럽연합의 여러 기관이 사무소를 가지고 있어요. 또 룩셈부르크는 독일, 프랑스, 벨기에 사이에 있는 내륙 국가로, 독일과 프랑스의 완충국으로서의 의미도 지니고 있어요.

룩셈부르크의 역사는 963년 아르덴 백작 지크프리트가 룩셈부르크 고성을 거점으로 삼아 이 지역을 지배하면서 시작됩니다. 1354년

에 하인리히 7세의 손자인 황제 카를 4세가 룩셈부르크를 공국으로 승격시켰어요. 1443년에 부르고뉴 공국에 팔려갔다가 1477년에 합스부르크가에 넘어갑니다. 1684년에 프랑스에 합병되었다가 1714년에 오스트리아령으로 넘어갔다가 1794년에 다시 프랑스의 지배하에 들어갑니다. 1815년에 네덜란드 국왕이 대공 작위를 겸했고, 1839년에 서쪽 영토 절반을 벨기에에 할양했어요. 1890년 네덜란드 국왕 빌렘 3세가 죽자 나사우-바일부르크가의 아돌프가 대공이 되어 오늘의 룩셈부르크로 이어지고 있어요.

룩셈부르크는 인구 65만 명의 소규모 국가이지만 1인당 GDP가 세계 1위2017년 기준, 10만3,711 달러입니다. 면적은 제주도의 2배 정도로 2,586㎢입니다. 공공부채 또한 2017년 GDP의 23%로 유럽연합 내에서 가장 낮은 수준입니다. 서비스업이 국가 전체 산업의 86%를 차지하고 있으며 특히 금융산업이 세계적으로 발달하였어요.

또한 유럽회계 감사원European Court of Auditors, 유럽사법재판소European Court of Justice, 유럽재정안정기금European Financial Stabilisation Mechanism, 유럽안정화기구European Stability Mechanism 등 EU의 주요 기관이 룩셈부르크에 소재해 있어 브뤼셀Brussel, 스트라스부르Strasbourg와 함께 유럽연합의 수도로 불린답니다.

룩셈부르크는 전통적으로 협소한 국토 때문에 이웃 나라와 유대를 굳게 하여 1843년부터 1918년에 독일과 관세 동맹을 맺고, 1921년 이후 벨기에-룩셈부르크 경제동맹, 1944년 베네룩스 경제동맹, 1952년 유럽석탄철강공동체, 1958년 유럽경제공동체 등에 가맹함으로써 소국의 불리함을 극복하고 있어요.

프랑스와 국경을 따라 발달한 철강 산업은 룩셈부르크 경제의 중요한 부분을 차지합니다. 철강 산업은 무역액의 29%, 국내총생산GDP의 1.8%, 산업고용의 22%, 노동력의 3.9%를 차지하고 있어요.

남부의 구틀란트를 중심으로 농업이 이루어져 감자, 보리, 사탕무 등을 생산하고 있으며, 독일 국경을 따라 흐르는 모젤강 연안의 포도

룩셈부르크 중앙역

원에서 생산하는 포도주는 특히 유명합니다. 이 나라 제1의 산업인
광공업은 남서부의 뒤들랑주, 로딩겐, 에슈쉬르알제트, 디페르당주 등
지에서 산출되는 철광석을 원료로 하였으나, 철광석층의 대부분이 고
갈되어 프랑스의 수입에 의존하고 있어요.

　이 밖에 화학제품·금속제품·시멘트를 생산하며, 맥주·담배·낙농
제품이 유명해요. 그러나 석유파동 이래 세계적 경제의 혼미는 룩셈
부르크의 철강업에도 큰 영향을 끼쳐 정부는 경제적 부진에서 벗어

나기 위하여 외국기업 유치에 노력을 기울이는 한편, 자국自國을 금융 시장으로 부상시키려고 노력하고 있어요.

현재 룩셈부르크는 은행·보험업·철강업을 기간산업으로 하는 서 비스산업국이자 공업국으로 실업률은 유럽연합 국가 중 최저이며, 1 인당 국내총생산은 세계 최고 수준입니다. 1998년 이후에도 제조업 의 수출 증가나 금융업의 호조에 의해 고성장을 유지하고 있어요.

무역 면에서 주요 수출품은 금속, 기계, 전기제품, 플라스틱, 고무, 섬유 등이고 수입품은 기계류, 전기제품, 금속, 수송용 기기, 광산물품 석유 포함 등입니다. 주요 무역 상대국은 독일, 프랑스, 벨기에, 영국, 네 덜란드, 이탈리아, 미국, 중국 등입니다.

룩셈부르크에는 국교는 없고, 주민 대부분은 전통적으로 로마 가 톨릭교회에 속해 있어요. 그러나 세속화 경향이 심하고, 외국인의 유 입이 많아 무신론자나 이웃 종교 신도의 비율이 높아지고 있어요. 개 신교, 유대교, 정교회, 성공회, 이슬람교 등의 신자가 있답니다.

주요 민족은 룩셈부르크인이 63%, 포르투갈인 13%, 프랑스인 4.5%, 이탈리아인 4.3% 등입니다. 언어는 룩셈부르크어와 독일어·프 랑스어가 사용되며, 종교는 가톨릭교가 87%, 개신교 등이 13%입니다.

룩셈부르크는 한국전쟁 참전국으로 UN군으로 참전하여 85명의 병력을 파병하였어요. 1961년 대한민국과 수교하였으며 해운협정1987 년과 항공협정2003년을 체결했어요. 현재 주 벨기에 대사가 그 업무를

룩셈부르크 85인의 6.25 참전용사들

겸임하고 있어요. 조선민주주의인민공화국과는 2001년에 수교하였어요.

룩셈부르크의 수도는 똑같은 룩셈부르크입니다. 수도 면적은 51.46 ㎢, 인구는 2023년에 약 13만 명 정도였어요. 수도인 룩셈부르크는 고대 로마가 이 지역에 두 개의 주요 도로를 놓으면서 요충지가 되었어요. 그 뒤로는 서프랑크 왕국의 영역에 들었는데, 이 지역에 아르덴의 지크프리트 백작이 성을 쌓으면서 본격적으로 도시가 형성되었어요.

지리적으로 프랑스와 독일을 잇는 주요 거점이었기 때문에 상업적으로도 큰 시장이 들어서는 등 번영하였으며, 그에 따라 성도 계속 확장되었답니다.

1443년에는 부르고뉴 공국의 선량공 필리프가 이 지역을 정복하였으며, 이내 부르고뉴 공작위가 합스부르크 가문에 넘어감으로써 합스부르크 네덜란드의 일부가 되었어요. 카를 5세의 퇴위로 합스부르크 가문이 둘로 나누어졌을 때 룩셈부르크는 베네룩스 영토와 함께 스페인 합스부르크로 상속되어서 스페인령 네덜란드가 되었어요.

17세기에 루이 14세에 의해 잠시 프랑스에 병합되었다가 다시 스페인으로 돌아왔어요. 1714년 스페인 왕위계승 전쟁의 결과로 오스트리아 합스부르크 가문으로 귀속되게 되어 오스트리아령 네덜란드에 속하게 되었어요.

프랑스 대혁명이 터진 후 대프랑스 전쟁이 시작되었고, 1794년 프랑스가 벨기에와 함께 룩셈부르크를 점령했어요. 그래도 7개월간 버텨서 대프랑스 동맹군으로부터 찬사를 받기도 했어요. 1815년 나폴레옹 전쟁이 끝나고 열린 빈 회의에서 오스트리아가 북이탈리아를 얻는 대가로 룩셈부르크와 벨기에의 종주권을 포기했어요. 대신 룩셈부르크 대공국의 대공을 네덜란드 국왕이 겸하게 됩니다.

1890년 동군연합이던 네덜란드에서 빌헬미나 여왕이 즉위하면서 가장 가까운 친척인 나사우-바일부르크 가문의 아돌프 대공에게 상속되어 네덜란드와의 동군연합이 해체되면서 룩셈부르크 대공은 이 도시에 머물게 되었고 룩셈부르크 대공국의 수도로 자리 잡았어요.

제2차 세계대전 이후로는 유럽의회 사무국 본부, 유럽사법재판소, 유럽회계감사원, 유럽투자은행 등이 들어서 유럽연합의 중추적인 기능을 맡고 있어요. 이러한 이유로 인해 시내에 외국인들이 대단히 많으며, 공용어인 룩셈부르크어·독일어·프랑스어 외에도 영어가 널리 통용됩니다.

룩셈부르크의 역사가 수도 룩셈부르크의 역사와 같지요. 다시 반복해 보니 어렴풋이 룩셈부르크의 복잡한 역사를 알 수 있네요.

기욤광장과 노트르담 대성당

옛날부터 룩셈부르크는 로마로 통하는 두 길이 만나는 요충지다 보니 주변 강대국들이 모두 한 번씩 차지했던 나라인 만큼 나름대로 의 생존법을 잘 터득한 나라라고 할 수 있어요. 수도도 룩셈부르크라 고 했지요.

룩셈부르크 시내 관광은 기욤 2세 광장Place Guillaume II에서 시작합니 다. 기욤 2세 광장은 기욤 2세의 기마상이 광장의 중앙에 있어서 그 렇게 불려진다고 합니다. 기욤은 빌럼 혹은 윌리엄의 프랑스어 표현 인 것 같아요. 기욤 2세는 네덜란드의 왕이자 룩셈부르크 대공으로 룩셈부르크를 통치하고 있었어요.

기욤 2세 광장이 있는 이곳은 원래 프란체스코 수도원이 있던 자리였는데 1797년 프랑스 혁명전쟁 동안 수도원은 프랑스 군 점령으로 몰수를 당했어요. 1804년 나폴레옹이 방문하여 수도원을 밀어버리고 광장을 조성하여 만든 광장을 이 도시에 기증을 했어요. 1838년에 룩셈부르크 시청을 지었는데 옆 나라인 벨기에의 혁명으로 준공식이 연기되다가 1844년 7월 15일 기욤 2세가 준공식을 올리고 이를 기념하여 세운 기마상이 기욤 2세 기마상이랍니다.

기욤 2세는 룩셈부르크를 단순히 지배한 것이 아니라 자치권을 주어 1841년에 첫 민주주의 의회가 생겨나도록 하여 실질적인 독립을 시켜주었기 때문에 그를 기리기 위하여 1844년에 그의 동상을 세웠다고 합니다.

광장의 서쪽에는 여우 동상이 있어요. 이 동상은 룩셈부르크 출신 미셸 로당Michel Rodange, 1827~1876의 기념비인데 그가 쓴 동화〈레나르트Renart〉에 나오는 주인공이 여우라서 기념비 위에 여우상을 올려 두었어요. 겉보기에는 멍멍이 상으로 보여요.

광장의 가장자리에 위치한 룩셈부르크 시청사가 2층 건물로 아담합니다. 시멘트와 벽돌로 지은 건물인데 테두리 붉은 벽돌이 꼭 나무로 지은 목조건물을 닮았네요. 시청사 건물 양쪽에는 사자상이 지키고 있어요. 사자가 룩셈부르크의 상징 동물이랍니다. 시청사 건물 입구의 간판에는 "HOTEL. DE. VILLE"라고 적혀 있어요. 하마터면 호텔

룩셈부르크 시청

로 착각할 뻔했어요.

기욤 2세 광장에서 걸어서 헌법광장Place de la Constitution으로 갔어요. 이 헌법광장에는 제1차 세계대전에 참전했던 전사자들을 위한 위령탑이 1923년 세워졌어요. 이 위령탑의 꼭대기에는 월계관을 든 황금의 여신상Gelle Fra이 치마를 펄럭이며 서 있어요. 제2차 세계대전 당시 독일군에 의해 파괴되었지만 1985년에 현재의 모습으로 다시 지어 현재는 룩셈부르크인의 자유와 저항정신의 상징이 되고 있어요.

위령탑 뒷면에 대공 샤를롯이 쓴 문구는 다음과 같아요.

"우리 룩셈부르크를 위해 연합군의 일원으로 참전하여 희생되신 분들이 자랑스러우며, 희생자들과 연합군의 영웅들, 그리고 그 가족들에 애도와 경의를 표합니다. 그들은 죽음으로 애국심이 무엇인지 보여주었고 그들이 흘린 피는 헛되지 않았습니다."

위령탑의 하단에는 한국전쟁에 관한 문구도 새겨져 있어요.

"CAMPAGNE DE COREE, 1951년부터 1954년까지 한국전쟁에 1개 소대가 참전."

우리나라의 6.25 전쟁 때 16개 나라가 참전하여 우리나라를 지켜주었는데 룩셈부르크도 우리에게 참 고마운 나라입니다. 벨기에와 연합으로 파병한 룩셈부르크는 85명의 소규모 병력을 파견했지만 룩셈부르크 군 전체가 1,000명 정도이니 병력 대비 사상자의 비율은 전체 유엔군 중 가장 높았어요. 미국의 하버드 대학교에서, 에티오피아 아디스아바바에서, 남아프리카공화국 케이프타운에서 한국의 6.25 전쟁에 참전하였다는 기념비를 볼 때마다 우리나라가 여러 나라들의 도움을 받았다는 사실을 깨닫게 됩니다. 이제 우리나라가 그때 진 빚을 갚아야 할 때라고 생각합니다.

광장을 벗어나 큰 길을 건너니 길 아래에 울창한 숲과 강 그리고

아돌프 다리

계곡이 보여요. 계곡 너머로 고색창연한 중세건물이 우뚝 솟아 있어요. 이 강과 계곡은 페이트루스Peitruss 강이고 계곡도 페이트루스 계곡이랍니다. 이 강과 계곡에 웅장하고 아름다운 다리가 놓여 있어요. 이 다리는 아돌프 다리Pont Adolphe라고 합니다. 히틀러와는 아무런 관련이 없어요. 이 다리의 명칭은 1890년부터 1905년까지 룩셈부르크를 다스리던 아돌프 대공Adolf Wilhelm August Karl Friedrich의 이름을 따서 지은 이름이랍니다.

아돌프 다리는 1903년에 건축된 높이 46m, 길이 153m의 세계에서 가장 큰 아치형 석조다리입니다. 너무 아름다워서인지 '자살 다리'로도 소문이 났어요. 룩셈부르크 도시 한복판에 울창한 계곡과 아름다운 아치의 다리는 보는 이로 하여금 가슴을 뻥 뚫어주게 하는 느낌입니다.

아돌프 다리 위로 차량이 다니는 도로와 전차가 다니는 철로가 함께 있어요. 물론 인도도 있어요. 이렇게 낭만적인 아돌프 다리를 건너지 않고서는 못 배기겠어요. 페이트루스 계곡을 내려다보며 고풍스런 건물을 향해 아돌프 다리를 건너는 저의 모습이 참 낭만적입니다. 아돌프 다리를 건너자 만나게 되는 중세풍의 건물이 궁금해서 다가가 보았어요. 건물 앞 표지판에 은행박물관Musee de la banque이라고 적혀 있어요.

은행박물관 앞에 전차의 정류장이 있어요. 이 나라는 대중교통 요

은행박물관

금이 공짜라는 얘기를 들었는데 공짜라면 양잿물도 마신다는데 그 냥 지나칠 수 없잖아요? 얼마 있으니 전차가 도착해서 전차에 올라 걸어서 건너온 아돌프 다리를 이번에는 전차를 타고 건넜어요. 운전 사는 있는데 요금을 찍는 아무런 장치가 없었어요. 승객들의 표정들 도 참 온화합니다. 빈 좌석이 없어서 서서 왔지만 일단 공짜니까 다리 가 전혀 아프지 않아요. 저는 이렇게 단순합니다요.

전차에서 내려 이번에는 노트르담 대성당으로 향했어요. 노트르 담 대성당 하면 얼마 전에 불이 나서 수리 중인 파리의 노트르담을 떠올리지만 앞으로 유럽을 여행하면 수도 없이 노트르담 대성당을 만나게 됩니다. 그 이유는 노트르담 성당은 성모 마리아 성당을 의미 하기에 성모 마리아 성당은 노트르담 성당이기 때문입니다.

노트르담 대성당은 룩셈부르크 시내의 어디에서나 우뚝 솟은 세 개의 첨탑이 상징으로 보입니다. 노트르담 대성당은 정교한 스테인 드글라스 창문과 성모 마리아상으로 유명해요. 이 성당은 17세기인 1613년에 예수회의 교회로 설립되어 1870년 가톨릭 성당으로 승격되 었어요. 성당 입구에 아기예수를 안은 성모 마리아상이 우리를 반겨 주네요. 사도 바울과 베드로의 조각상도 우리를 내려다보며 환영을 해줍니다.

노트르담 대성당을 나와 룩셈부르크 시내의 거리를 걷다 보니 이 해가 되지 않는 부분들이 있어요. 룩셈부르크가 세계에서 가장 잘사

노트르담 대성당

는 나라라고 했잖아요? 그렇다면 룩셈부르크 시내에는 노숙자가 있
을까요? 예! 있어요. 길거리에 10대로 보이는 한 소녀가 모자를 쓰고
다리를 뻗은 채로 앞에 종이컵을 두고 지나가는 사람들을 쳐다보며
구걸을 하고 있어요. 옷은 남루하지 않아요. 행위예술을 하는 것은
아닐 것이고, 그렇다면 저렇게 앉아서 구걸하는 이유가 무엇일까? 궁

금하지만 그냥 지나칠 수밖에 없었어요.

조금 더 걸어가니 이번에는 JOTT라는 가게가 곧 개점할 것이라는 표시가 있는 길 옆의 한 공간에 한 노숙자가 하얀 이불을 덮고 잠을 자고 있고 옆에는 바퀴가 달린 돌돌이도 있어요.

룩셈부르크 시내의 노숙자를 보며 서울역 앞의 지하도에 있는 노숙자들을 떠올려 봅니다. 정부에서 이분들에게 거처를 마련해 준다고 해도 이분들이 거부한다고 들었어요. 단순한 경제적 이유만으로 노숙자 생활을 하는 것이 아니라는 것입니다. 그렇다면 이분들의 노숙 생활을 하는 근본적인 이유가 무엇일까? 생각해 봅니다.

그 이유를 알면 처방도 나올 것인데 참 답답합니다. 왜 답답한지 아세요? 답은 하나라야 되는데 답답은 답이 두 개잖아요. 그래서 답답하답니다.

남을 돕는다는 것이 쉽지 않지요. 도울 때 상대방을 배려하면서 도와야 하기 때문에 사회복지학이라는 학문도 있고, 도울 때는 특별한 기술이 필요하답니다. 상대방의 필요를 채워주는 것이 부자가 되는 지름길이라는 것을 경영학에서도 말하지만 실천이 정말로 쉽지 않아요. 작은 것 하나부터 지금 옆에 있는 사람들에게 베풀어줍시다.

벨기에 »

브뤼셀   브뤼헤

헨트   안트베르펜

Belgium

벨기에

벨기에는 서유럽에 위치한 입헌군주제 국가로 네덜란드, 룩셈부르크와 함께 베네룩스로 불려요. 네덜란드의 남쪽, 프랑스의 북쪽에 위치해 있으며 수도는 브뤼셀Brussel입니다. 국토 면적은 30,528㎢로 우리나라의 32,289㎢인 경상도보다 약간 작아요.

벨기에는 네덜란드와 함께 연합 왕국을 구성하였으나1815~1839, 얼마 못 가서 갈라졌어요. 네덜란드와 벨기에가 연합 왕국을 구성한 1815년에 벨기에의 인구는 340만 명으로 당시 유럽에서 진행되기 시작한 인구 성장에 편승해서 지속적으로 증가하고 있었지만, 네덜란드의 인구는 240만 명으로 정체 상태에 가까웠어요. 인구가 더 적은 네덜란드가 벨기에를 지배하려고 하니까 갈등이 더 커지게 되었지요. 네덜란드가 벨기에와 네덜란드 사이에 흐르는 강의 청소를 게을리하자 나라 전체가 홍합 불매운동을 벌인 일도 있었어요. 더군다나 두 나라 모두 홍합을 아주 즐겨 먹어요.

벨기에는 지리적으로 개방되어 있는 데다가 강력한 국가들에 둘러싸여 있어 나폴레옹 전쟁, 제1차 세계대전, 제2차 세계대전에서 격전지가 되었어요. 현재는 유럽연합 본부와 의회, 북대서양조약기구 본부가 있는 유럽의 중요한 국가가 되었어요.

벨기에의 총리를 지낸 샤를 미셸이 유럽연합 정상회의유럽 이사회 의장President of the European Council으로 활동하고 있어요. UN 사무총장과 비슷한 역할을 하고 있다고 보면 됩니다. 벨기에에서는 네덜란드어, 프랑스어, 독일어가 공용어이며, 네덜란드어권인 플란데런 지역과 프랑스어권인 왈롱 지역 간의 갈등이 심한 상황입니다.

제1언어 사용 인구는 네덜란드어 55%, 프랑스어 36%, 독일어 1% 미만입니다. 나머지 8%는 플란데런 지방과 왈롱 지방 사이에 위치한 수도 브뤼셀에 해당합니다. 독일어 사용 지역은 인구의 0.7%를 차지하여 존재감은 미미해요. 원래 이 지역은 독일제국의 영토였으나, 제1차 세계대전 승전국인 벨기에가 전리품으로 획득한 지역입니다.

학생들이 교복을 입는 것은 지역마다 달라요. 네덜란드어권은 교복을 잘 입고 다녀요. 주요 유럽 국가 및 선진국 중 자살률이 매우

벨기에 학생들

높은 편에 속하여 골머리를 앓고 있어요. 자살률이 높은 지역이 많은 동유럽 국가와 비교해도 더 높을 정도이며 심각한 사회 문제가 되고 있어요.

벨기에에서 16세가 되면 술을 마실 수 있어요. 흡연도 16세면 할 수 있어서 고등학교 1학년부터 흡연을 시작합니다. 술의 경우 맥주와 같이 도수가 낮은 경우만 16세, 도수가 높은 경우 18세부터 가능합니다. 따라서 라들러맥주에 과즙을 첨가한 알콜음료를 학생들이 들고 다니면서 마실 수 있어요.

벨기에는 71세 이상인 노인들도 헌혈을 할 수 있는 몇 안 되는 국가 중 하나입니다. 다만, 벨기에 국민들은 해외여행을 다녀왔거나 출산을 했다면 6개월, 수술을 받았다면 4개월 동안은 헌혈할 수 없어요.

벨기에는 언어가 다르기도 하고 지역 간의 대립과 갈등이 아주 심해요. 경제적으로 쇠락된 왈롱 지방과 현 주도권을 잡고 있는 플란데런 지방의 갈등은 정부정확하는 내각 성립까지 후퇴시켰어요. 왈롱에 지원 정책이 세워지면 플란데런 지역은 또 여기에 반발하고 법안을 통과시키지 않는 일이 빈번합니다.

단순히 지역을 구분하는 이름에 지나지 않던 플란데런과 왈롱이 별도로 의회와 정부를 구성하면서, 이미 연방국가이긴 하지만 양쪽 모두 자치권 확대를 주장하는 세력이 심각하게 커져서 스위스 같은 연방제 국가로 변모할 가능성이 높다는 의견도 있어요. 어쩌면 연방federation을 넘어서 국가연합confederation 같은 여러 국가들의 연합체로 변경될 가능성도 있고, 그보다 더 나아가서 아예 별개의 국가들로 완전히 분리될 수도 있답니다.

2009년 여름에도 총리가 최후 수단인 의회해산권을 발동하였는데 새로 당선된 총리가 모든7개 의회에서 통과되지 못해서 무효가 되었고, 거의 반 년 간 정부 수반이 없는 무정부 상태가 되었어요. 왕이 있다고 할 수 있지만, 벨기에 국왕은 국가 원수이지 정부 수반이 아닙니다. 물론 벨기에가 아예 쪼개지지 않은 이유 중 하나가 왕가의 존재라는 점도 어느 정도 있어요.

　이런 식으로 국가가 언제 분리될지 모르는 상황입니다. 총선 후 200일이 넘도록 내각이 구성되지 않아, 2011년 1월 23일 브뤼셀에 2만 명이 넘는 인파가 모여서 무정부 상태를 끝내라는 시위까지 벌였어요. 정부가 구성될 때까지 남자들은 수염을 깎지 말자는 캠페인도 진행했으나, 캠페인을 펼친 사람들도 턱수염이 땅에 닿을 때까지 무정부 상태가 지속될 것 같다는 말까지 남겼다고 합니다.

　2011년 3월 30일에 무정부 상태로 290일째를 맞이하면서 무정부 상태 세계 기록을 경신했어요. 화가 난 국민들은 지연된 정부 수립 날짜만큼 누드 시위를 벌였어요. 11월 25일 S&P가 벨기에의 신용 등급을 한 단계 강등하고 나서야 비로소 각 정파들이 회동해 예산 삭감을 통해 재정 적자 감축에 합의함에 따라 12월 6일, 사회당의 엘리오 디 루포를 새 총리로 하는 내각이 겨우 출범해 무정부 상태는 끝났어요.

　2011년의 여론조사에 의하면 왈롱에서는 국가 분열시 39%가 프랑스에 합병되는 것을 찬성한다는 여론조사가 나왔어요. 반대로 플란데런 역시 분리되면 바로 네덜란드와 합치자는 여론이 있어요. 이쪽을 강하게 내세우는 쪽이 극우파들이라 일단 호응은 크지 않아요. 하지만 극우파에 대한 지지와는 별도로 네덜란드와 통합하려는 생각 자체에는 긍정적으로 생각하는 사람들은 적지 않답니다. 대체로 플

1830년에 일어난 벨기에 혁명의 일화_구스타프 와페르스 作

란데런은 우파 성향, 왈롱은 좌파 성향이 강한 편입니다. 다만 왕실 지지도는 프랑스어권이 네덜란드어권보다 두 배 이상 높아요.

국가 수장인 왕은 매번 두 지방들 간의 대화를 이끌어내려고 고생하지만, 영향력은 없어요.

브뤼셀 수도권은 언어 공동체 두 개가 중첩되는 곳으로 양측에게 중요한 곳입니다. 따라서 만약 플란데런과 왈롱이 분리되면 대체 어디에 속하게 해야 할 것인지 애매합니다. 그래서 아예 독립국이 된 플란데런과 왈롱이 공동으로 통치하는 지역condominium으로 만들거나, 아예 어디에도 안 속하는 별도의 지역으로 만들자는 제안도 있어요.

2010년 9월 여론조사 결과에 따르면 수도인 브뤼셀 시민들이 국가가 남북으로 쪼개진다면 브뤼셀은 별개로 남아야 한다고 주장하기 시작했어요. 브뤼셀을 유럽연합의 수도 내지는 유럽의 특수 지역으로 만들어 플란데런과 왈롱 모두와 합쳐지지 않겠다는 말입니다.

벨기에 지역갈등의 시작은 프랑스어 단일 언어정책이었지만 시간이 지나면서 정치 성향, 사회문화, 경제 갈등 등의 다양한 양상을 띠게 되어 지역갈등의 원인도 다양합니다.

벨기에는 혈통 중심의 국가입니다. 예외적으로 벨기에에서 출생한 사람은 18세까지 벨기에 거주자에 한해서는 국적을 부여해요. 단, 경우에 따라서는 자신의 기존 보유 국적을 포기하는 것을 요구하기도 합니다.

일반적으로 벨기에 인 부모 사이에서 태어나거나 부모 한쪽이 벨기에 인이고 벨기에에서 출생하면 벨기에 국적을 받는 데 문제가 없어요. 그러나 부모 중 한쪽이 벨기에 인이고 해외 출생자라면 벨기에 대학을 졸업하거나 벨기에 의무교육을 받거나 혹은 벨기에에서 18세부터 28세까지 경제적 기여세금납부를 하지 않았다면, 벨기에 국적을 박탈당할 수 있어요.

심지어 국적 보유자가 벨기에 국적만 가지고 있고 다른 나라에서 영주권을 가지고 체류하고 있더라도 벨기에 국적을 박탈당할 수 있어요. 실제로 2013년 홍콩 시민과 벨기에 인 사이에서 태어난 사람이 벨기에 국적을 박탈당한 일이 있었어요.

벨기에의 마피아인 밀리유와 네덜란드 페노제, 모로코 마피아들이 마약 거래를 크게 해서 종종 사회문제가 되고 있어요. 앤트워프는 모로코산 대마초와 헤로인, 중남미 코카인이 들어오는 주요 창구라고 합니다. 특히 모로코 마피아들은 네덜란드와 벨기에에서 모두 활동하며 마피아들이 전쟁을 할 때 폭탄 공격을 자주해서 큰 문제가 되고 있어요.

벨기에의 수도 브뤼셀

브뤼셀프랑스어: Bruxelles, 네덜란드어: Brussel 브뤼설, 영어: Brussels 브러설즈, 문화어: 브류쎌은 벨기에의 수도입니다. 벨기에의 한복판에 위치한 정치, 경제, 문화, 교통의 중심지이며, 유럽연합EU 본부가 위치해 사실상 유럽연합의 수도입니다.

브뤼셀은 벨기에를 구성하는 세 지역플란데런·왈롱·브뤼셀 중 하나입니다. 면적은 161.4㎢, 인구는 120만 명 정도입니다. 공식 이름은 브뤼셀 수도권 지역프랑스어: Région de Bruxelles-Capitale, 네덜란드어: Brussels Hoofdstedelijk Gewest으로, 법적 수도인 브뤼셀시를 포함한 19개 지방자치단체로 구성되어 있어요.

유럽연합 본부

　브뤼셀은 10세기 무렵 카롤루스 대제의 후손이 숲에 세운 작은 도시에서 출발하여 현재는 인구 약 120만 명이 모인 벨기에 최대의 도시화 지역입니다. 1695년 프랑스의 루이 14세가 영국과 네덜란드의 프랑스 해협에 가한 공격에 대해 복수하는 목적으로 브뤼셀을 포격하였어요. 이로 인하여 4,000채의 주택과 시내의 중심지가 파괴되었어요. 그랑 플라스도 큰 피해를 입었지만, 5년 만에 재건되었답니다.

　브뤼셀은 1830년 벨기에의 독립과 함께, 벨기에의 수도가 되었어요. 후에 벨기에가 아프리카에 콩고 식민지^{현 콩고 민주공화국}를 건설하면서, 그곳으로부터 수많은 보물이 들어와 인구가 늘어났고 도시가 번영하였어요.

브뤼셀은 역사적으로 네덜란드어를 쓰는 플란데런 지역에 속했으며 현재 브뤼셀을 둘러싼 지역도 플란데런 지역이지만, 19세기부터 20세기 사이에 왈롱 지역에서 프랑스어를 사용하는 인구가 대거 유입되어 현재는 인구의 다수가 프랑스어를 쓰는 프랑스어 우위 지역입니다.

법적으로 브뤼셀은 프랑스어와 네덜란드어가 모두 공용어로 지정된 이중 언어 지역이며, 모든 거리의 표지판이나 각종 공공기관의 명칭은 두 가지 언어로 표기됩니다.

브뤼셀과 왈롱 지역 사이의 신트헤네시위스로더Sint-Genesius-Rode나 그 밖의 브뤼셀 인근의 위성 도시인 링케베이크Linkebeek, 드로헨보스Drogenbos, 크라이넘Kraainem 등은 플란데런 지역이지만, 브뤼셀처럼 프랑스어 사용자나 이중 언어 사용자가 훨씬 많아요.

인구의 대부분은 플란데런 계, 왈롱 계이지만, 최근에는 터키, 모로코 등 이슬람권 국가 출신 이민자의 숫자가 급증하고 있어요. 벨기에의 옛 식민지였던 콩고 민주공화국에서 온 이민자들도 살고 있어요.

일반적으로 브뤼셀은 브뤼셀 수도 지역보다 더 넓은 범위인 브뤼셀 도시권을 의미해요. 브뤼셀 수도 지역은 하위 행정구역으로 브뤼셀 수도 행정구를 두고 있지만 경계와 인구는 브뤼셀 수도 지역과 동일해요. 다른 행정구와 달리 브뤼셀 수도 행정구에는 예외적으로 주지사가 존재한다고 해요.

스페인과 네덜란드의 전쟁이 잠시 끝난 1609년에는 인구가 5만 명이었고, 스페인에서 계승 전쟁이 일어난 1700년에는 인구가 8만 명이었어요. 브뤼셀이라는 지명의 어원은 '늪지대의 정착'이라는 의미의 '브로셀라Brosella'에 있다고 알려져 있어요. 문헌에서 '브로셀라'라는 지명이 처음 등장하는 것은 695년으로, 프랑크족Frank이 현재의 브뤼셀 센Senne/Zenne 강가에 거주하면서 사용한 것으로 추정됩니다.

사실상 유럽의 수도라고 불리는데, 그 이유는 유럽연합 집행위원회 European Commission 및 유럽의회 의사당 등 유럽연합의 주요한 기관들이 소재하고 있기 때문입니다. 유럽의회 의사당은 프랑스 스트라스부르에도 있어요. 스트라스부르에 소재한 유럽의회 의사당이 사실상 메인이에요.

물론 유럽 다른 도시에 있는 시설물도 많지만 주요 시설은 거의 브뤼셀에 있답니다. 외국 언론사에서 브뤼셀이라는 말을 사용하면 그 자체가 유럽연합 고위층이나 유럽의회 정치권을 가리키는 경우가 많이 있으니 참고로 알아 두면 좋아요. 이건 딱히 브뤼셀만 해당되는 건 아니고 관용적으로 대부분의 정치세력이 똑같아요.

예를 들어 서울, 베이징, 도쿄, 워싱턴, 런던, 모스크바는 각각 한국, 중국, 일본, 미국, 영국, 러시아의 중앙정부나 정치인들을 돌려서 부른 것이죠. 브뤼셀은 유럽연합 외에도 NATO의 본부가 있는 것으

나토 본부

로 유명합니다. 이렇게 중요한 곳들이 많기 때문에 테러 집단이나 시위하는 사람들의 주요 목표가 되는 경우가 많아요.

벨기에의 사실상de facto 수도를 말하는 브뤼셀 수도 지역을 의미하기도 합니다. '사실상'이라는 말이 붙은 이유는 '브뤼셀 시'가 법적 수도이기 때문입니다. 브뤼셀 시와 인근의 행정구역을 합쳐 브뤼셀 수도 지역을 구성하는데, 사실상 이 수도 지역이 통째로 벨기에의 수도 역할을 합니다.

영어권에서는 일반적으로 브뤼셀이라고 하면 수도 지역 전체를 다 가리키는 경향이 있는 듯해요. 영국의 런던 지역과 시티 오브 런던의 관계와 유사합니다. 도시권을 행정구역 단위로 묶는 것은 벨기에의 주변 국가에서도 흔히 볼 수 있어요. 보통 이런 경우 관청이나 의회를 안 두지만 브뤼셀은 이러한 행정구역을 지역이라는 지위를 달고 독립했기 때문에 왈롱과 플란데런과 같이 정부가 존재하고 의회가 존재합니다.

런던 안에서 시티 오브 런던이 차지하는 면적은 상당히 작지만 브뤼셀 시는 면적이 큰 편입니다. 그리고 영국에서는 벨기에와 달리 법적으로 수도가 어디인지 성문법으로 규정돼 있지 않고, 런던 지방 전체시티 오브 런던뿐만 아니라 런던 내 다른 지역·그레이터 런던·들도 모두 포함가 사실상의 수도로 간주되는 식입니다.

지역갈등으로 인해 플란데런과 왈롱의 접점이 거의 없는 상태이긴 하지만, 이 두 지역은 브뤼셀과 엮여 있어요. 브뤼셀은 플란데런의 수도면서, 왈롱에게는 프랑스어 공동체인 왈롱브뤼셀 연방의 구성지역입니다. 이것은 벨기에의 주요 공영방송인 VRT와 RTBF의 본사가 브뤼셀에 있는 이유이기도 해요.

매년 5월 8일에 열리는 붓꽃 축제라는 행사가 있어요. 날짜가 5월 8일인 이유는 2차 세계대전의 승리의 날을 기념하려는 목적도 있기 때문이라고 합니다. 2020년부터 3년간에는 코로나19 때문에 취소된 적이 있어요.

브뤼셀은 브뤼셀 백국이 생겨났을 때 수도가 되었을 정도로 벨기에에서 위상이 높은 도시였어요. 나중에 브라반트 공국으로 바뀌었을 때도 수도였어요. 오래전에는 브뤼셀보다는 브뤼헤가 북해 지역을 대표하는 무역항이었지만 이후 브뤼헤 주변의 수로가 막혀서 브뤼셀이 확고한 중심지가 되었어요.

이후 브라반트 공국이 바이에른 비텔스바흐 가문을 거쳐 발루아-부르고뉴 가문에게 넘어간 이후 부르고뉴 공국, 합스부르크 네덜란드, 스페인령 네덜란드, 오스트리아령 네덜란드의 실질적인 중심지였으며, 1830년 벨기에 혁명 이후 독립 벨기에의 수도가 되었어요. 1935년에는 브뤼셀에서 엑스포를 개최한 적이 있어요. 이 엑스포 부지에 지어진 국가관 전시장이 브뤼셀 엑스포 전시장으로 지금까지 사용중입니다.

브뤼셀의 빈곤 정도는 다른 지방 정부를 압도합니다. 가장 큰 원인

브뤼셀의 노숙자

은 브뤼셀에 빈곤한 사람들이 모여 있다는 것입니다. 벨기에 법에 따라 정상적으로 유럽연합과 관련된 일을 하는 회원국 시민, 관계자들은 브뤼셀 정부에 세금을 내지 않기 때문이기도 해요. 주민세와 시 등록세도 모두 포함하며, 일부는 사회 기반 시설 사용비조차 면제입니다.

이런 비용은 모두 시 정부가 내야 하지요. 극히 일부 지역, 유럽연합 회원국 공무로 파견된 관계자들이 있는 지역과 대기업 본사나 교육 시설이 몰린 곳을 제외하면 벨기에 안에서 가장 가난한 도시 중의 하나랍니다.

현재 시 정부에서도 이러한 문제를 해결하기 위해 브뤼셀의 차량 진입을 줄이고 대중교통을 늘리는 한편, 브뤼셀에 첫 집을 보유했거나 거주를 이유로 한 채의 집만 보유하는 경우 주민세 3년 면제와 등록세 면제를 하는 등의 정책을 시행하고 있지만 고질적인 치안 상황과 환경 보호 등으로 크게 개선되지 않은 상태입니다.

브뤼셀 여행의 꽃인 그랑플라스

오늘은 벨기에의 수도 브뤼셀의 랜드마크이자 벨기에 여행의 하이라이트인, 화려한 건물들로 둘러싸인 광장을 찾아갑니다. 이곳은 보들레르와 빅토르 위고가 "세상에서 가장 아름다운 광장"이라고 극찬한 그랑플라스La Grand-Place입니다.

브뤼셀의 그랑플라스La Grand-Place는 17세기 후반부터 공공건물과 개인 건물이 조화롭게 공존하며 발전한 곳으로, 정치적·상업적 중심지로서 중요한 역할을 해 왔어요. 이곳의 건축물들은 그 시대의 사회적·문화적 삶의 수준을 생생하게 반영하고 있으며, 그랑플라스 광장은 1998년 유네스코 세계문화유산으로 지정되었어요.

그랑플라스는 동서로 110m, 남북으로 70m 규모로, 이 지역의 문화와 사회를 특징짓는 건축 및 예술 양식을 절충적이고 성공적으로 혼합한 대표적인 사례입니다. 그랑플라스는 공공에 개방된 공간으로, 건축적 특성과 탁월한 품질을 지녔어요. 이는 북유럽에서 최고의 번영을 구가하던 당시의 성공적인 상업 도시의 발전과 성과를 보여주는 매우 이례적인 사례이기도 합니다.

본래 이곳은 '네더마르크트Nedermarckt, '낮은 시장'이라는 뜻'라고 불렸으며, 이에 대해 최초의 기록은 1174년에 등장합니다. 오늘날 사용되는 '그랑플라스'라는 이름은 18세기 중·후반기부터 사용되었어요.

이 지역은 977년경 저지대 로타링기아Lotharingia의 통치자였던 프랑스의 샤를에 의해서 성의 방어를 위한 지역으로 이용되었고, 요새 동쪽의 센 강 오른쪽 기슭에 있는 이전의 습지 지역에 있었어요. 북쪽으로는 슈피겔베크Spiegelbeek 하천, 남쪽과 동쪽은 모래 제방이었으며, 주택의 일부는 이름에서 표현된 것처럼 서쪽에서 동쪽으로 경사지게 배치되었어요. 이 습지는 12세기에 이미 말라 버렸어요.

오늘날 그랑플라스의 직사각형 외형은 계속된 확장과 변형의 결과로, 수 세기에 걸쳐 발전한 것입니다. 1695년에 비로소 최종 모습을 갖추었지만, 본래는 이곳을 가로지르는 일곱 개의 거리가 있었어요. 13세기와 14세기에 그랑플라스를 중심으로 주변에는 여러 석조 건물들이 둘러싸듯 배치되어 있었답니다. 이들 중에는 빵과 육류를 팔던 곳이

그랑플라스(La Grand-Place)

있었으며, 목재 프레임으로 된 주택들도 있었는데 이 주택은 마당이나 정원 아니면 암비티ambiti, 화재 방지 기능을 하는 통로 등으로 구분되었어요.

14세기 후반에는 거대한 클로스 홀Cloth Hall이 광장의 남쪽에 건설되었으며, 1396년에 시 당국은 건물을 확장하고 보강하기 위해서 많은 건축물들을 허용했어요. 15세기에 광장 남쪽 방면의 주택은 시청의 동쪽 및 서쪽 부분의 건물1401~1444, 그리고 종탑1449으로 대체되었어요. 1405년에 새로운 브레드 홀Bread Hall이 북쪽에 세워졌어요. 1441년에는 동쪽에 무질서하게 들어선 주택들이 철거되고 그곳에 여섯 개의 연속된 건물이 재건되었답니다. 1420년경 이후 광장 주변의 주택들은 시 정부와 그랑플라스의 개선에 중요한 역할을 담당했던 회사와 길드에 체계적으로 양도되었어요.

브레드 홀은 1512년~1513년에 철거되고 '왕의 집la Maison du Roi'이라는 이름의 대형 건물로 대체되었어요. 16세기에는 대부분의 건물이 르네상스 또는 바로크 양식의 새로운 파사드로 변형되었어요.

1695년 8월 14일에는 프랑스의 루이 14세는 프랑스 해안 마을과 항구가 네덜란드와 영국 전함에 의해 파괴된 것을 보복하기 위해 빌루아Villeroy 원수에게 브뤼셀을 폭격할 것을 명령했어요. 당시 영국군과 네덜란드군이 벨기에의 나뮈르Namur에 진주해 있었는데 프랑스는 7만 명의 프랑스군과 슈 고원Scheut heights에 상당한 양의 대포를 배치할 수 있었어요. 3,000개의 포탄과 1,200개의 조개탄이 브뤼셀의 도

시 중심부에 떨어졌어요. 8월 15일 밤에 그랑플라스에는 겨우 시청과 '왕의 집', 그리고 주택 몇 채만 간신히 남았답니다.

브뤼셀은 엄청난 폭격을 당했음에도 불구하고, 시 당국의 조치와 다른 도시들과 주의 지원 덕분에 도시는 빠르게 재건되었어요. 시의 집행관이 1697년에 공포한 주요 조례에 의하면, 파사드의 재건축을 위한 모든 제안은 시 당국의 승인을 받아야 했어요. 여기서 중요한 것은 광장과 파사드가 조화를 이루는 것이었고, 결국 4년에 걸쳐 그랑플라스는 원래의 배치와 모습을 완전히 회복했어요. 동시에 광장으로 통하는 여러 개의 거리를 확장, 보강하는 기회가 되었고, 폐허가 되어 버린 클로스 홀은 얼마 안 되어 시청의 남쪽 부분으로 대체되었어요.

그랑플라스의 남쪽 방면을 거의 차지하는 시청 건물은 직사각형 모양의 광장 주변에 있어요. 광장에서 보이는 부분은 15세기부터 두 동의 'L'자 모양의 건물로 구성되었어요. 전체 파사드는 19세기부터 동상으로 장식되어 있고, 단지의 남쪽 부분은 18세기에 건설된 고딕 양식 구조와 U자 모양의 차분하고 고전적인 건물입니다. 광장 건너편의 시청 건물 역시 중요한 건물로, 오늘날은 시립박물관으로 사용되는 '왕의 집'입니다.

1873년에 시 의회는 이 건물의 보존 상태가 너무 열악하므로 철거하고 재건할 것을 결정했는데, 재건은 원형을 기반으로 했으며, 그 결과 아케이드형 파사드, 안장 모양의 지붕, 그리고 랜턴을 중앙에 배치한 타워 형태의 3층짜리 석조 건물이 완성되었어요.

시청사 건물의 첨탑은 높이가 96m나 됩니다. 시청사는 15세기에 건설된 고딕 양식 건물로 1695년 프랑스의 침입으로 이 광장이 파괴되었을 때도 유일하게 파괴되지 않은 건물이라고 합니다.

그랑플라스 주변에 있는 주택들은 크기가 모두 조금씩 다르며 각

각의 건물이 이름을 가지고 있어요. 건물의 이름은 브라반트의 공작, 에스파냐의 왕, 작은 나팔, 백조, 맥주 양조자의 저택, 사슴, 재단사의 저택 등입니다. 또한 주택 내부의 원래 모습을 보존한 정도 역시 다양하네요. 어떤 경우에는 급격하게 변화되고 현대화 된 반면, 어떤 경우에는 18세기 초기 이후로 거의 변화가 없었어요. 1층의 경우는 대다수의 주택이 상점, 레스토랑, 카페 등으로 사용하기 위해 변형되었어요.

그랑플라스 광장의 한 귀퉁이에는 한 남성이 누워 있는 조각상이 있습니다. 이 조각상을 지나가는 사람들이 계속 만지고 가요. 그러다 보니 팔, 무릎과 발이 닳고 닳았어요. 이 청동 조각상은 에베라르트 세르클레스Everard Sercles, 1320~1388의 동상으로, 당시 이 지역을 통치하던 플랑드르 백작에 맞서다가 혀가 뽑혀서 죽었다고 합니다.

이 동상을 만지면 축복과 행운이 온다고 합니다. 특히 팔을 만지면 브뤼셀에 다시 온다는 말이 있어서 저는 팔뿐만 아니라 모든 부분을 훑어 만졌어요. 로마의 트레비 분수에 뒤로 동전을 던져 항아리에 들어가지 않아서 아직 로마를 다시 방문하지 못하는가 하는 생각에서 브뤼셀을 다시 방문하고 싶다는 심정에서 만졌답니다.

그랑플라스를 둘러싸고 있는 건물들 하나하나가 웅장하고 예술적입니다. 금테를 두른 건물과 지붕 모양이 각기 다르고 이 건물들이 밤이 되면 네온사인으로 치장을 해요. 해가 지자 은은한 조명이 건물을 비추는 낭만적인 야경은 저를 황홀경에 빠뜨립니다. 이 환상 속과

에베라르트 세르클레스 동상

같은 풍경을 기념사진에 담기에 정신이 없어져요.

이어지는 크리스마스 마켓을 비롯하여 플라워 카펫, 오메강 축제 등 사계절 내내 다양한 축제가 이 광장에서 개최되어 즐길 거리가 가득하답니다. 파리의 샹젤리제 거리가 아름답다고 하지만 야경만큼은 그랑플라스를 따라갈 수 없어요. 그랑플라스는 낮은 낮대로 밤은 밤대로 아름답기 그지없어요.

콩고를 개인적으로 소유하여 어마어마한 부를 얻은 레오폴드 2세가 이 그랑플라스 개발에 투입하였으니 벨기에에는 아주 큰 공헌을 했어요. 콩고에서의 잔인함과 비인간적으로 비참했던 만큼 벨기에의 브뤼셀은 더 발전하고 더 아름답게 꾸며서 밤에 비친 네온사인이 어쩌면 콩고인들의 피의 빛깔이 아닐까 생각해 봅니다.

오줌싸개 동상과 생 위베르 갤러리

그랑플라스La Grand-Place에서 골목길로 얼마 가지 않아서 어린아이가 오줌을 누고 있는 동상이 벽 위에 서 있어요. 오줌싸개 소년네덜란드어: Manneken Pis 마네케 피스은 오줌 누는 소년을 본뜬 동상이에요. 이 동상은 1619년 제롬 뒤케누아Jerome Duquesnoy가 만든 높이 약 60cm의 청동상입니다. 여러 차례 도난을 당하는 수난을 겪었고, 현재 설치되어 있는 동상은 1965년 복제본이랍니다.

원래의 동상은 그랑플라스의 브뤼셀시市 박물관Maison du Roi/Broodhuis에 보관되어 있어요. 이 동상의 유래에는 여러 설이 있는데, 14세기에 프라방드 제후의 왕자가 오줌을 누어 적군을 모욕했다는 설

이 유명합니다. 현재 세계 각국으로부터
옷을 보내어 옷을 입혀놓는 퍼포먼스를 벌
이기도 합니다. 지금은 검은 옷에 흰 셔츠
를 입고 오줌을 누고 있었어요. 오줌싸는
자세는 오른손으로 허리, 왼손으로는 성기
를 잡고 있어요.

오줌싸개 소년상

유치원에 다니는 어린 남자아이가 소변
을 보는데 열중쉬어 자세입니다. 이를 본
옆에서 소변을 보던 아저씨가 "얘야, 넌 왜
손으로 거시기를 잡지 않고 열중쉬어 자세
냐?"고 물었어요. 이에 이 남자아이가 "제가 허리가 좋지 않아서 병원
엘 갔는데 의사 선생님께서 허리가 좋지 않으니 앞으로 무거운 물건
을 직접 손으로 들지 말라고 했어요."라고 했답니다. 하하하.

오줌싸개 소년상은 중세 시대인 1452년부터 이 자리에 존재했어요.
당시에는 돌로 돼 있었지만 1619년 이 분수대의 개보수 사업의 일환
으로 새롭게 만들어진 청동상이 지금에 이르러 지난해 400번째가 넘
는 '생일'을 맞고 있어요.

오줌싸개 동상을 만든 유래는 14세기에 유명한 벨기에의 전설로부
터 시작한다고 했지요? 이 동상이 자리한 골목은 넓지 않아서 많은
사람들이 사진을 찍느라 북새통을 이루고 있어요. 구경하는 사람들

의 손에는 와플과 맥주 등을 들고 있어요. 어쩌면 여기가 브뤼셀 사람들의 약속 장소가 아닐까 하는 생각도 듭니다.

오줌싸개 동상은 여러 차례 도난을 당하기도 했어요. 18세기 프랑스 루이 15세가 브뤼셀을 침략했을 때 이 동상을 프랑스로 가져갔다가 이후에 사과의 의미로 후작 옷을 입혀 돌려보냈다는 일화도 있어요. 외국 정상 등 국빈이 벨기에를 방문할 때 벌거벗은 오줌싸개 소년의 옷을 선물로 가져 와 입히는 것이 관례처럼 되어 있어요. 어느 이야기든 벨기에 국민의 독립과 외세에 대한 저항 의식, 그리고 이 동상에 대한 벨기에 국민과 세계인의 사랑을 드러내고 있답니다.

벨기에 브뤼셀에서 2016년 3월 22일에 발생한 연쇄 폭탄 테러 비극을 계기로 오줌싸개 소년 동상이 '반테러'의 상징으로 떠올랐어요. 많은 사람들이 오줌싸개 소년이 폭탄이나 기관총, 테러리스트들에게 오줌을 싸는 모습을 담은 이미지를 SNS로 공유하며 테러에 저항한다는 뜻을 표현하고 있어요.

또 동상의 이름이 '마네켄 피스Manneken Pis'의 오줌싸개라는 단어Pis 대신 발음이 비슷한 평화Peace라는 단어를 넣은 '마네켄 피스Manneken Peace'라는 말로 평화에 대한 의지를 나타내고 있어요. 동상의 유래처럼 오줌싸개 소년이 테러와 증오라는 폭탄에 붙은 불을 끄는 역할을 할 수 있었으면 좋겠어요.

1600년대부터 내려오는, 조각상에 옷을 입히는 전통이 오늘날에도 이어질 수 있도록 돕는 사람들이 있어요. 바로 '오줌싸개 소년의 친구들 협회'입니다. 이 협회는 1954년에 설립된 비영리 단체로, 은퇴자를 주축으로 한 100여 명의 회원이 회비를 내가며 자원봉사로 동상을 관리합니다. 주로 의상을 관리하고 각종 기념일이나 행사 때 동상에 옷을 갈아입히면서 다양한 문화행사를 해요.

이 협회의 회원이 되려면 선발 절차를 거쳐야 하고 1년간의 수습기간 뒤에 다른 회원들로부터 신규 회원으로 적합한지 평가도 받아야 합니다. 그만큼 이들은 자신의 역할을 명예롭게 생각하고 자부심도 크다는 의미이겠죠.

오줌싸개 동상의 주인공은 흑인이네요. 왜 검은색으로 했는지 궁금합니다. 분명히 벨기에 사람들은 흑인이 아닌데 특별한 이유가 있겠지요? 크기가 60cm라고 했지만 좀 높은 벽에 있고 사람들로 붐벼서 실물보다 작게 보입니다.

천여 벌의 옷을 갈아입는 오줌싸개 소년상들

오줌싸개 소녀상

이 동상에 입힐 의상은 세계 여러 나라에서 보내온 옷들로 1,000벌이 넘고 한복도 있답니다. 1년에 평균 130번 정도 옷을 갈아입는답니다. 크리스마스에 온다면 산타의 옷을 입고 있겠지요. 이 옷의 일부를 브뤼셀 시립박물관에서 전시하고 있을 정도입니다.

오줌싸개 동상에서 5분 정도의 깊숙한 골목길 안에 오줌싸개 소녀의 동상이 있어요. 남자아이의 동상처럼 검은색입니다. 자세가 앉아 있는 포즈입니다. 더 이상 상상의 날개를 펴지 마시길 바랍니다.

오줌싸개 동상을 지나 골목길이 계속 이어지는데 초콜릿 가게와 와플 가게가 많아요. 오줌싸개 동상 모양의 형형색색의 초콜릿도 눈길을 끌어요. 일단 초콜릿 가게에 들어가서 선물로 갖고 갈 초콜릿을 사고, 와플 가게로 가서 와플을 사 먹었는데 벨기에 오리지널 와플이기에 상당한 호기심으로 맛을 보았어요. 그런데 맛은 영 아니었어요. 일단 산 와플을 고통 분담 차원에서 나머지까지 다 먹었어요. 시칠리아에 가서 네 가지 피자를 시켜놓고 다 먹어보았는데 우리나라의 이마트 피자가 저의 입에는 더 맞는 것처럼 벨기에의 초콜릿보다 한국의 가나 초콜릿이 더 맛있어요. 우리나라에서도 유명한 고디바 초콜

형형색색 초콜릿과 와플들

릿 가게도 있네요. 간판에 1926년부터라고 새겨져 있어요.

가나 초콜릿의 가나를 세종대왕이 지어준 것을 아시나요? 세종대왕께서 한글을 창제하신 후에 열방에 한글로 각 나라의 이름을 지어주겠노라고 했답니다. 여러 나라 중 유독 흑인이 있어서 세종대왕께서 그 흑인에게 "어디서 왔으며 무엇을 즐겨 먹는지"를 물었어요. 그흑인이 "아프리카에서 왔으며 초콜릿을 즐겨 먹는다"고 했어요. 이 말을 들은 세종대왕께서 '가나다라마바사……' 중에서 첫 번째인 '가나'를 그 나라의 이름으로 주었답니다. 그래서 가나 초콜릿이 유명한가요? 믿거나 말거나. 세계에서 가장 큰 차는? 아프리카입니다.

그랑플라스에서 10분 정도의 거리에 어디선가 많이 본 듯한 옥경이가 아니라 건물이 나타납니다. 바로 생 미셸 대성당입니다. 저의 연구실에서 바로 보이는 경희대학교 평화의 전당 건물 모양과 거의 흡사해요. 《구약성경》에 나오는 스룹바벨 성전과도 많이 닮았어요. 생 미셸 대성당은 브뤼셀의 수호성인인 성 미셸 St. Michel을 기리기 위해 세워진 성당입니다.

생 미셸 성당은 브뤼셀의 유명한 역사 명소 중 하나랍니다. 오늘날의 성당 모습은 대부분 13세기 고딕 스타일로 건축되었어요. 1980년대에 새롭게 복원공사가 있었지만 성당이 세워졌던 11세기부터 이어져 온 로마교회의 유적들은 고스란히 잘 보존되어 있답니다. 지하 유적의 계속되는 발견을 통해 이 성당은 도시에서 가장 많은 관광객들

생 미셸 성당

이 방문하는 종교적 명소가 되었어요.

성당 앞에 작은 정원이 있는데 약 64m 높이의 성당의 쌍둥이 타워로 인해 언제나 그늘이 드리워져 있어요. 이 정원에서 편안한 휴식과 사진도 찍을 수 있어요. 일요일에는 벤치에 앉아 49개의 교회 종소리의 울림도 감상할 수 있어요.

생 미셸 성당의 내부는 고딕 양식의 다른 교회에 비해 보기 드물게 소박하지만, 이 단순한 장식이 천장의 높은 아치를 더욱 강조해 준답니다. 바로크 양식의 제단이 이 성당의 핵심이고요. 제단 뒤의 오르간과 함께 이곳은 벨기에서 가장 환상적인 제단 중 하나로 여겨집니다.

성가대석에서부터 이어지는 계단을 타고 내려가면 성당 아래에 있는 로마 유적을 발견할 수 있어요. 성당 유적과 지하실은 소액의 입장료를 내고 구경하실 수 있어요.

브뤼셀에서 갤러리에 들렀어요. 미술에 대해 문외한인 제가 갤러리에 들렀다고 하니 이상하죠? 제가 들른 갤러리는 생 위베르 갤러리 Galeries Saint-Hubert 로 미술관이 아닌 쇼핑갤러리입니다. 쉽게 말해서 쇼핑센터입니다. 천정이 유리로 덮힌 양쪽에 2층의 상점가가 죽 늘어선 쇼핑갤러리입니다. 입구에 바로 고디바 초콜릿 가게가 저를 맞아 주네요.

1847년에 건설된 이래 생 위베르 갤러리는 벨기에 상류층이 자주 모이는 장소로 애용되었답니다. 신흥 부르주아 bourgeois 계급들이 이곳

생 위베르 갤러리

에 모여들었어요. 170년 전에 지어진 이 아름다운 아케이드는 도시의 분주한 거리가 되었고 어디로든 쉽게 이동할 수 있는 곳이 되었어요. 화려한 장식의 건물들이 즐비하고 디자이너 부티크 숍에서 쇼핑도 만끽할 수 있어요. 분위기 있는 바와 레스토랑도 많아 낭만적인 시간을 보내기에 좋습니다.

세 개의 2층 규모 아케이드에는 50여 개 이상의 상점이 자리하고 있어요. 킹스 아케이드에서는 전통적인 핸드메이드 가죽 제품을 비롯해 클래식한 벨기에 초콜릿 상점, 장인 주얼리숍, 유리공예 상점 등이 있어요. 인접한 퀸즈 갤러리는 디자이너 슈즈 상점과 혁신적인 인테리어 디자이너 숍이 있어요. 좀더 아늑한 프린세스 갤러리를 거니시면 서점, 기념품 가게 및 세련된 여성 의류 부티크 상점 등이 있어요.

이렇게 고급 상점들을 돌아다니다 보니 이곳의 건축에 반영된 19세기 브뤼셀의 호화로운 생활을 엿볼 수도 있네요. 아치, 창문 및 장식된 기둥이 화려하게 조합된 모습은 많은 관광객들의 눈을 즐겁게 합니다. 생 위베르 갤러리는 브뤼셀 중심부에 위치하며 걸어서 가거나 기차, 트램 또는 버스를 타고 이동하는 것이 가장 편리합니다.

헨트

브뤼셀에서 한 시간 정도 서북쪽으로 달리니 헨트가 나오네요. 헨트네덜란드어: Gent, 프랑스어: Gand, 영어: Ghent 겐트는 벨기에 오스트플란데런주의 주도이자 가장 큰 도시로 플랑드르에 있는 지방자치단체입니다. 브뤼셀에서 서북쪽으로 약 50km 떨어져 있으며, 인구는 약 30만 명이고 주변 도시권을 포함한 인구는 약 60만 명 정도입니다. 면적은 156.18㎢입니다.

헨트는 석기 시대에 스헬더 강과 레이어 강에서 온 이주자들이 정착하면서 역사가 시작되었어요. Leie 강과 Scheldt 강이 교차하는 지역에 위치한 헨트는 14세기 중반 유럽에서 양모를 수입하여 직조하

헨트의 전경을 한눈에 감상할 수 있는 헨트 성

레이어 강변 중세풍 건물들

던 최대 직물 생산지였어요. 또한 중세 시대에는 북유럽에서 가장 인
구가 많고 부유한 도시가 되었고요. 현재는 항구와 많은 대학교로 붐
비는 도시랍니다.

'Gent'인데 왜 '겐트'가 아니고 '헨트'냐고요? 벨기에의 'G'는 'ㅎ'으로
발음합니다. 스페인어에서도 'G'는 'ㅎ'으로 발음합니다. 그래서 '겐트'
가 아니라 '헨트'로 부릅니다. 헨트는 들꽃으로 유명하며, 벨기에의 가

레이어 강의 생 미셸 다리

장 아름다운 도시로 바로 이어서 방문할 브뤼헤와 1~2위를 다투고
있어요. 매년 열흘 동안 헨트 페스티벌이 열려요. 2백만 명의 관광객
들이 매년 이 축제에 참가한답니다.

　헨트에는 많은 유물들이 발견되는데, 이러한 유물로 석기 시대와
철기 시대 동안 스헬더 강과 레이어 강에서 이주민들이 현재의 헨트
지방에 정착했다고 추측됩니다. 대부분 역사가들은 헨트의 옛 이름

이 '간다'라고 추측하는데, 여기서 '간다'는 켈트어로 합류를 의미합니다. 로마제국 시대의 기록에서 헨트에 대한 기록은 전혀 남아 있지 않지만, 유물 발굴을 통해서 로마제국 이전보다 더 오래전에 사람들이 헨트에 정착했다는 것을 증명하고 있어요.

프랑크족이 로마제국의 옛 영토로 침략했을 당시인 대략 기원후 4세기 말~5세기 초에 프랑크족은 그들의 언어를 헨트 지방에 들여왔고, 이로 인해 켈트어와 라틴어는 고대 네덜란드어로 대신하게 되었어요.

서기 650년경 성 아만두가 헨트 지방에 두 수도원을 짓게 되는데, 바로 생 피터 수도원과 생 바프 수도원입니다. 헨트는 이러한 수도원과 상업을 중심으로 성장하게 되었어요.

800년경 샤를마뉴의 아들인 루트비히 1세는 아인하르트를 샤를마뉴의 역사가 겸 헨트에 있는 두 수도원의 수도원장으로 임명하였어요. 851년과 879년에는 각가 두 차례씩 바이킹의 공격을 받아 파괴되기도 하였답니다. 비슷한 시기에 생겨났던 플란데런 백국에 의해서 재건되었고 도시 인근의 양 목장의 양모를 바탕으로 직물 산업을 발전시켰어요.

헨트는 11세기 동안 바이킹의 공격에서 회복하고 다시 발전했어요. 13세기 동안 헨트는 파리 다음으로 유럽에서 가장 큰 도시였어요. 그 규모는 런던과 쾰른, 모스크바보다도 더 컸답니다. 그 당시 헨트의 인

구는 65,000명에 육박했어요. 현재, 헨트에 있는 종탑과 생 바프 대성
당, 생 니콜라 교회의 탑들은 당시 시대의 역사 중 약간의 예에 불과
할 뿐이랍니다.

　헨트는 브뤼헤Brugge와 함께 플란데런 지역을 대표하는 도시입니
다. 1180년까지 플란데런 백국의 수도가 브뤼헤였고 이후부터는 수도
가 헨트였어요. 14세기에 들어서는 직물산업의 확장으로 양모가 부
족해지자 잉글랜드에서 양모를 수입하기 위해 친교를 맺었어요. 스페

인과 네덜란드의 전쟁이 잠시 끝난 1609년에는 인구가 30,000명이었고 스페인에서 계승 전쟁이 일어난 1700년에는 인구가 50,000명이었어요.

백년전쟁을 겪으며 플란데런은 프랑스 왕실인 발루아 왕조의 방계가 다스리는 부르고뉴국에 편입되었어요. 프랑스인들은 플란데런에 높은 세금을 매겼고, 당시 플란데런의 대표 도시였던 헨트는 반란을 일으켰어요. 하지만 우방인 잉글랜드는 카스티용 전투에서 결정적인 패배를 당하였고, 헨트도 가베르 전투에서 선량공 필리프에게 패배하였어요.

이후 저지대의 상업 중심지는 플란데런 백국헨트, 브뤼헤에서 브뤼셀 백국이 림뷔르흐 공국과 룩셈부르크 공국을 합쳤던 브라반트 공국안트베르펜, 브뤼셀으로 옮겨가기 시작했어요. 오스트리아 대공 막시밀리안 1세가 부르고뉴의 상속녀인 마리 드 부르고뉴와 결혼하면서, 합스부르크 가문이 플란데런을 지배하기 시작했어요. 마리가 사망하자 합스부르크의 혼인 관계가 사라졌고, 헨트와 브뤼헤는 두 차례에 걸쳐 프랑스의 도움을 받아서 반란을 일으켰으나 진압되었어요.

헨트에서 태어난 신성로마제국 황제 카를 5세가 이탈리아 전쟁을 치르며 도시에 과중한 세금을 요구하자 다시 반합스부르크 봉기

신성로마 황제 카를 5세

가 일어났는데, 이번에도 가혹하게 진압되었답니다. 이후 헨트의 지역 유지들은 목에 올가미를 메고 카를 앞을 지나가야 했어요.

헨트는 유럽의 규모가 큰 도시 중 하나였는데, 네덜란드 독립전쟁 이후 바다로 가는 운하에 통행세가 부과되며 상업이 타격을 받았고 전장이 되어 힘든 시기를 보내게 되었어요. 헨트평화조약으로 펠리페 2세에게 충성하는 대가로 종교의 자유가 주어졌는데 스페인의 변심으로 전쟁이 재개되었어요. 대공세를 펼친 오렌지 공 빌럼의 군대는 헨트에 입성했지만 스페인도 반격에 나섰고 파르마 공이 이끄는 플란데런 민병대는 헨트를 점령하게 됩니다.

베스트팔렌조약으로 네덜란드 북부는 독립하였으나 남부는 스페인과 오스트리아 합스부르크제국의 지배를 받으면서 가톨릭 지역으로 남게 되었어요.

스페인 왕위계승 전쟁으로 스페인 왕실이 합스부르크 가문에서 부르봉 왕조로 교체되자, 플란데런은 오스트리아 합스부르크제국의 지배를 받게 되었어요. 이후 오스트리아 왕위계승 전쟁 중에는 프랑스군에 점령되기도 했어요. 하지만 1756년에 동맹의 역전이 이루어지며 프랑스의 위협은 없어졌답니다.

북부에서 물길이 막혀 있던 헨트를 위해 신성로마제국의 요제프 2세는 네덜란드 공화국을 협박해서, 물길을 열게 하였어요. 그래도 플란데런 인들의 오스트리아에 대한 인식은 좋지 않았고 결국 플란데런

은 프랑스 혁명의 영향을 받은 브라반트 혁명으로 독자적인 국가를 선포하게 됩니다. 반란은 진압되었으나 곧 혁명전쟁이 일어났고, 프랑스 혁명군이 저지대를 점령하며 오스트리아의 지배는 끝이 났어요. 벨기에 일대는 프랑스 공화국에 편입되었어요.

라이프치히 전투 이후 프랑스 군은 물러났고, 미국과 영국의 영미전쟁을 종결시킨 헨트조약이 헨트에서 체결되기도 했어요. 빈 회의를 거쳐 벨기에 지역은 네덜란드 왕국에 통합되었어요. 헨트는 종교 차

포스트 광장의 네오 고딕 양식의 옛 우체국

이 등으로 인해 프랑스의 7월 혁명과 함께 벨기에 혁명이 일어나 벨기에 왕국의 일부가 되었습니다.

헨트는 12~14세기에 세워진 상 바본 대학교와 1817년에 세워진 헨트 대학교Universiteit Gent가 유명합니다. 헨트 대학교는 주 내의 유일한 국립대학이며 플란데런 내의 두 개의 공립대학 중 하나입니다. Hogeschool Gent는 벨기에 안에서 디자인, 패션, 예술 교육으로 유

헨트 대학교

명한 실용 대학입니다.

헨트 대학교는 벨기에의 대학 중에서 처음으로 네덜란드어로 강의를 시작하기도 했어요. 당시 벨기에는 네덜란드어로 교육을 하는 것이 금지되어 있었는데 오스트플란데런 사람들이 중앙정부에 항의하면서 네덜란드어 교육을 진행한 것입니다. 그래서 헨트는 플란데런에서 민족과 문화의 수도라고 불립니다. 이 헨트 대학교가 우리나라의 송도에 들어와 있어요. 우리는 겐트 대학교라고 하지요.

성 바프 성당과 성 니콜라스 성당

헨트에는 성 바프 성당St. Bavo's Cathedral과 성 니콜라스 성당St. Nicholas' Church이 있어요. 성 바프는 성인 바울을 말합니다. 성 바프 성당은 벨기에에서 가장 아름다운 성당 중 하나로 헨트에서 가장 오래된 교회입니다. 성 바프 성당은 1038년에 로마네스크 스타일로 지어졌으며 그 후 14~16세기 후반에는 고딕 양식으로 확장 공사가 진행되어 완성된 성당이에요.

성당의 내부가 굉장히 아름답고 여러 작품과 유물들이 전시되어 있으며, 지하에는 예전 성당의 모습을 볼 수 있어요. 벨기에의 성당은 종탑이 앞쪽으로 솟아있는 구조가 특징입니다.

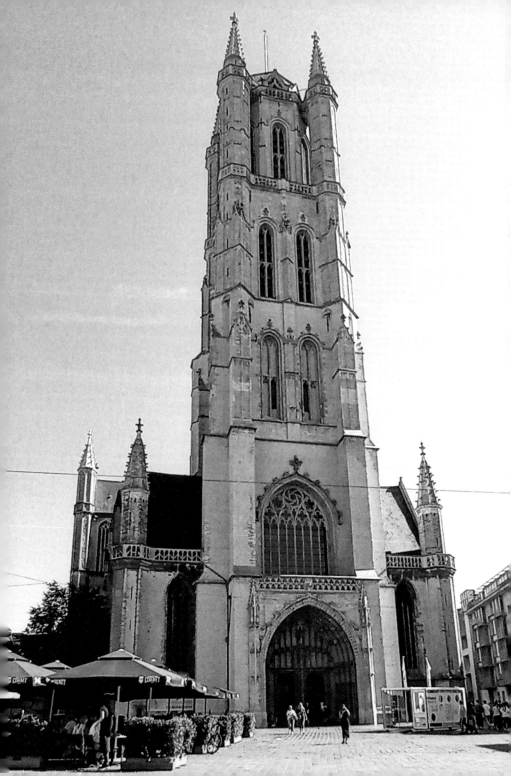

성 바프 대성당이 유명한 이유는 카를 5세가 이곳에서 세례를 받았으며, 얀 반 에이크Jan van Eyck의 대작으로 꼽히는 제단화 〈어린 양에 대한 경배The Adoration of the Mystic Lamb〉가 있기 때문입니다. 브뤼셀의 피터 브뤼겔, 브뤼헤의 한스 멤링, 안트베르펜의 루벤스와 함께 플랑드르 지역을 대표하는 예술가로 얀 반 에이크Jan van Eyck 형제가 있습니다.

성당 안에는 당대 최고의 화가인 루벤스의 〈성 바울의 개종〉이 걸려 있어요. 그리고 성당 앞에는 벨기에 헨트에서 주로 활동한 얀 반 에이크Jan van Eyck 형제의 동상이 세워져 있어요. 벨기에 플랑드르 지역에서 유행했던 화풍인 플랑드르Flandre 화파의 기초를 닦은 얀 반 에이크 형제의 작품은 르네상스 시대 플랑드로 화파의 걸작으로 평가받고 있어요.

얀 반 에이크Jan van Eyck 형제는 유화물감을 최초로 개발해서 자신의 작품에 사용했어요. 미술작품에서 유화물감의 사용은 이전 시대와는 전혀 다른 작품과 기법들을 만들어 냈어요. 유화를 사용하여 사물이 거울에 비친 것과 같이 눈에 보이는 모습을 그대로 사실적으로 표현할 수가 있었어요. 얀 반 에이크의 대표작인 〈아르놀피니 부부의 결혼식〉은 그때까지만 해도 성자만 그려왔는데 최초로 성인이 아닌 현실 속의 인물을 그린 최초 회화작품으로 색채 또한 상징성을 띠는 것이 아니라 현실의 색을 썼다는 점에서 큰 의미가 있어요.

성 니콜라스 성당은 헨트에서 가장 오래되고 유명한 유적지 중 하

얀 반 에이크의 제단화 〈어린 양에 대한 경배〉

나로, 초기에는 로마네스크 양식으로 지어졌으며, 13세기에 스헬데 고딕 양식으로 재건축되었어요. 이 성당은 인근을 흐르는 스헬데 강에서 유래한 스헬데 고딕 양식으로 지속적으로 확장되었습니다.

사람들이 많이 붐비는 코렌마르크트Korenmarkt 광장 옆에 있는 헨트의 옛 무역센터에 지어진 성 니콜라스 성당은 인근에서 그들의 사업을 수행하는 길드guild들 사이에서 인기가 높았어요. 길드들은 14세기와 15세기에 교회 측에 추가된 그들만의 예배당을 가지고 있었어요. 이후 도시 일부에서 자금을 지원받아 건축된 중앙 타워는 전망대 역할을 했고 이웃인 헨트의 종탑이 지어질 때까지 마을의 종루 역할을 했어요.

성당 중앙에 우뚝 솟은 종탑은 성당의 종으로 사용되고 중요한 사건이 발생했을 때는 사이렌 역할과 외부로부터의 침략을 감시하는 역할도 했답니다. 가까운 곳에 위치한 성 바프 성당의 종탑도 헨트의 명물로 알려져 있어요.

성 니콜라스 성당의 수호성인인 마이라의 니콜라스 주교1630~1632는 많은 선원들과 상인들, 제빵사들과 젊은 여인들의 삶을 기적적으로 변화시켰다는 전설이 내려오고 있어요. 이 성당의 위치가 큰 시장과 항구 그리고 무역업자들이 드나드는 길목에 있어서 자연스럽게 니콜라스 주교는 선원, 상인 그리고 무역업자들과 자주 만나다 보니 이 성당의 수호성인으로 추대되었다고 합니다.

성 니콜라스 성당의 내부는 투르네Tournai 지역에서 채굴한 푸른빛의 석재로 장식했어요. 제단의 그림은 니콜라스 데 리매커Nicolaas de Liemaeckere의 작품으로, 그는 당시 루벤스Peter Paul Rubens와 데 크라이어 Gaspar de Crayer와 함께 활동한 화가였습니다. 이 작품은 1630년부터 2년간에 걸쳐 완성되었으며, 1678년에 바로크 스타일에 맞춰 제단에 맞게 확장되었습니다.

성 니콜라스 성당

아름다운 동화마을 브뤼헤

헨트에서 약 40분 정도 이동하면 벨기에 서플란데런주의 주도인 브뤼헤Brugge에 도착합니다. 브뤼헤는 브뤼셀에서 서북쪽으로 약 90km, 헨트에서 서북쪽으로 약 40km 떨어져 있으며, 벨기에 여행에서 인기 있는 관광지 중 하나입니다.

1180년까지 플란데런 백국의 수도는 브뤼헤였으며, 이후 수도가 헨트로 이전되었어요. 스페인과 네덜란드의 전쟁이 일시적으로 끝난 1609년 당시 브뤼헤의 인구는 약 3만 명이었으나, 1700년 스페인 왕위 계승 전쟁이 발발했을 때는 인구가 약 4만 명으로 증가했어요. 브뤼헤의 구시가지는 이러한 과거 도시의 흔적이 매우 잘 보존되어 있으며, 그 역사적 가치를 인정받아 유네스코 세계문화유산으로 등재되었어요.

벨기에 네덜란드어에서 브뤼헤Brugge의 발음은 '브뤼허'와 '브리거'의 중간 발음에 가깝습니다. 일반적으로 네덜란드에서 사용되는 네덜란드어에서는 'g' 발음이 거친 구개수음으로 발음되지만, 벨기에 플란데런 지역에서는 원래 발음인 연구개음을 그대로 유지합니다. 또한 벨기에 네덜란드어처럼 완전한 무성음으로 발음되지 않고, 부드럽게 숨을 내쉬듯이 소리 내는 특징이 있기 때문입니다.

브뤼헤는 한자동맹의 주요 거점으로 번영했어요. 한자동맹Hanseatic League, Hansa은 13세기 초부터 17세기까지 독일 북부 도시들을 중심으로 여러 도시들이 연합하여 이루어진 무역 공동체입니다. 원래 '한제Hanse'는 중세 독일 도시에서 활동하던 상회商會, 상인 조합를 의미합니다.

이들은 서쪽으로는 영국, 동쪽으로는 발트해까지 영향력을 넓히고, 자체적인 해군을 보유하여 교역로를 독점하면서 대항해시대 이전 중세 유럽의 유력자로 자리 잡았어요. 노르웨이의 베르겐에 갔을 때 만난 한자동맹의 도시와도 연결이 되는군요. 한자동맹의 건물 특징은 지붕의 경사면이 톱니바퀴 문양을 하고 있어요.

이후 상업 중심지가 플란데런 백국에서 브뤼셀 백국이 림부르크 공국과 룩셈부르크 공국을 합쳤던 브라반트 공국으로 옮겨갔어요. 15세기부터 즈웨인 만의 퇴적이 일어나서 해안에서 10km 떨어진 내류 도시가 되었지만, 19세기에는 운하로 바다와 연결해서 제브뤼헤를 통해 다시 선박이 드나들게 되었어요.

브뤼헤는 종교적인 성향이 강한 지역으로, 벨기에 내에서도 여전히 가톨릭 신자의 비율이 높아요. 또한 영화 〈킬러들의 도시〉In Bruges, 2008의 배경이 된 곳으로도 유명합니다. 영화의 원제 역시 〈브뤼헤에서〉In bruges라는 의미를 갖고 있습니다. 유럽에서 가장 오래되고, 신성한 종교 행사라고 불리는 '성혈의 행렬'이 브뤼헤에서 열려요.

9세기 초대 플랑드르 백작인 보두앙 1세가 세운 요새가 도시의 기원으로 여겨집니다. 3대 아르뉠프 1세 시대에 성 도나티안 대성당과 성 살바토르 대성당이 세워져 요새도 강화되었어요.

12세기에 큰 해일이 일어나 바다에서 10km 이상 떨어진 브뤼헤를 덮쳤어요. 당시에 남겨진 큰 홈에 운하를 만들고, 플랑드르 백작인 필립 1세 하에서 즈윈 만과 브뤼헤를 연결하는 수로가 정비되어 도시 전체에 수로를 둘러, 배로 교역에 편리한 항구 도시를 만들었어요.

브뤼헤는 북해에 나오는 관문으로서 적당한 장소가 되고, 영국과 북유럽과 지중해를 연결하는 교역은 13세기가 되면 한자동맹의 재외 상관이 들어오게 되었어요. 1277년 제노바 상인이 대서양 연안을 통해 즈윈 만까지 방문하게 되어 금융 및 무역의 일대 거점으로 번영했어요.

부자가 된 시민들은 자신들의 성공의 상징으로, 도시의 한가운데

브뤼헤 종루

에 높은 탑으로 종루를 세웠어요. 교회가 사회를 지배하고 있던 시절에 시간을 알리는 종탑은 교회와 왕의 권위와 권력이 강한 곳에서는 시민이 지을 수 없었어요. 그러나 브뤼헤 시민은 스스로 시장의 시작 시간을 알리는 종루를 세우는 것으로 시민의 자립심을 나타냈어요. 그것은 자본주의 사회의 첫 시발점이 됩니다.

15세기 이후 운하와 즈윈 만에 토사가 퇴적되어 대형 선박의 항해에 지장을 초래하게 되어, 운하 항구로 경제의 중심지로서 그 중요성을 잃고 쇠퇴해 갔어요. 그러나 19세기에 운하가 재개되고 아름다운 물의 도시로 다시 사람들을 매료시켜 중세의 모습을 남긴 거리가 현재까지 남아있게 되었어요.

제1차 세계대전에서 독일의 압력으로 인근 제브뤼헤와 오스텐더에 U보트 기지가 건설되었어요. 이 도시의 항구와 수로로 연결되어 있던 일로 인해 영국군의 공격 목표가 되지만, 브뤼헤가 직접 공격받는 일은 없었어요. 이것은 1970년대와 1980년대 초에 크게 확장되어 국제 여행객들로 붐비게 되었어요. 이런 노력의 결과로 2002년에는 유럽 문화 수도로 지정되었어요.

브뤼헤는 20개가 넘는 수로에 놓인 아름다운 다리가 이탈리아의 베네치아를 연상시킵니다. 14세기에서 17세기까지는 한자동맹의 도시로 무역이 활발하여 부유했지만, 18세기 영국에서 시작된 산업혁명에는 부응하지 못하여 상대적으로 낙후되어 중세 모습을 간직한 아름

서유럽의 베네치아 브뤼헤 수로

다운 동화마을로 남게 되었어요.

브뤼헤는 15세기부터 17세기 초까지 유럽의 예술과 건축에 큰 영향을 미친 플랑드르 학파Flemish School의 발생지이자 주요 활동 무대였습니다. 플랑드르 학파는 생동감 넘치는 감각적 표현과 뛰어난 회화기법으로 유명하며, 그 명칭은 프랑스어에서 '낮은 땅Les Pays-Bas, Low Countries'을 의미하는 플랑드르Flandre에서 유래했습니다.

베네치아처럼 물의 도시인 브뤼헤의 중심지에 사랑의 호수가 있어

사랑의 호수

요. 큰 백조 수십 마리가 여유롭게 수영을 하고 있네요. 사랑에 빠진 사람이나 꿈이 있는 사람이 이 호수를 찾으면 용기와 사랑을 얻을 수 있다는 전설이 내려오고 있어요. 전설 따라 삼천리 시절에 집안의 반대로 이루어질 수 없었던 젊은 남녀가 목숨을 바쳐 영원한 사랑을 지켰던 장소여서 영원한 사랑의 대명사가 된 이 호수는 많은 연인들이 사랑의 약속을 하는 장소라고 합니다.

　사랑의 호수에 1740년에 건설된 다리가 있어요. 다리 밑으로는 새하얀 백조들이 거닐고 있어서 동화의 한 장면을 연출하고 있어요.

　브뤼헤 시내에 바실리크 성혈 성당Basiliek van het Heilig Bloed이 있어요.

이 예배당은 1150년 제2차 십자군전쟁에 참가한 플랑드르 백작 티에리 달라스가 예루살렘 대주교로부터 받아온 그리스도의 성혈을 모신 예배당입니다. 이 성당은 로마네스크 양식과 이후 고딕 양식이 결합된 독특한 건축 양식을 보여주고 있어요.

　브뤼헤의 마르크트 광장Grote Markt Brugge에는 유럽에서 가장 아름다

운 종소리를 가진 종루로 불리는 브뤼헤 종루Belfort van Brugge가 있어요. 이 종루는 브뤼헤의 상징이기도 합니다. 종루의 높이는 88m이며 종루 안에는 47개의 종이 있는데 매 15분마다 종이 울리면 브뤼헤 시내 어디에서나 이 종소리를 들을 수 있어요. 12유로의 입장권을 사서 계단을 통해 종루에 올라갈 수 있어요.

브뤼헤 종루와 마르크트 광장이 브뤼헤의 아름다움을 한층 더 아름답게 해요. 마르크트 광장을 달리는 마차가 참 품위 있게 보여요. 검은 마차에 네 바퀴를 황금색으로 칠해서 눈에 확 띄고 자태가 우아한 말의 발굽도 금색이라서 아주 인상적입니다. 40유로를 내고 저 마차만 타면 금방 귀족이 될 것 같아요.

브뤼헤에서 맛보는 홍합과 수제 맥주의 맛은 일품입니다. 시내에 Beer Wall맥주벽이 있어요. 벨기에에서 만드는 여러 종류의 맥주와 잔들을 모아서 전시하는 매장이며, 이곳에서는 각 종류의 벨기에에서 생산되는 맥주의 시음도 할 수 있어요. 1915 가지의 맥주를 전시하고 있어요. 이 상점의 주인은 2008년부터 맥주를 모아 전시하고 있다고 하며 계속 수집중이라고 합니다.

벨기에는 약 2,000여 개의 양조장이 있으며 흑맥주부터 여러 종류의 과일을 섞어 만든 맥주까지 다양하게 있고, 각각 독특한 특색을 갖고 있어요. 특히 벨기에에서 맥주 생산이 발달된 이유 중 하나는 지역적인 특징으로 수질이 나빠서 물을 마시는 것보다 다른 음료를 찾

수백 종의 벨기에 맥주

다가 맥주로 대체되었다고 합니다.

　보통 맥주 하면 독일을 연상하게 하지만 독일 맥주는 '맥주 순수령 Reinheitsgebot'이라는 법의 시행으로 맥주에 다른 것을 섞지 못하고 정통에 입각한 맥주만 만들 수 있다고 합니다. 맥주 순수령이란 신성로마제국과 그 후신인 독일에서 맥주의 주조와 비율에 관해 명시해 놓은 법령입니다. 즉, 맥주를 주조할 때는 홉, 정제수, 그리고 맥아만이 사용되어야 한다고 명시하고 있어요.

맥주 순수령은 1487년, 바이에른 공작 알브레트 4세가 제정하였는데, 1516년 바이에른 공국의 도시인 잉골슈타트에서 바이에른 공작 빌헬름 4세가 맥주 판매에 대한 기준을 확립했답니다.

한편 벨기에 맥주는 다양한 과일이나 향료 등을 첨가하여 맛있는 맥주를 만들 수 있어서 종류가 수백 종에 이른다고 합니다. 그런데 맥주 중에 최상급이고 꽃이라 말할 수 있는 맥주는 '트라피스트'라고 해요. 트라피스트는 바티칸에서 인정한 최고의 맥주를 가리키는데 반드시 트라피스트 수도회에서 만들어야 하고 전통 방식을 따라야 한답니다.

트라피스트 맥주는 전 세계를 통해 총 일곱 가지 종류만 등재되어 있어요. 트라피스트 맥주를 접하는 경우 일반적으로 맥주의 알코올

트라피스트 맥주

도수가 4~6도인 반면, 트라피스트는 10도를 넘는 것도 많이 있으므로 주의를 요합니다. 벨기에 맥주의 또 다른 특징 중의 하나는 맥주마다 고유의 잔이 있어요. 맥주마다 잔이 다른 것은 맥주 고유의 맛을 유지하기 위해 만들었다고 합니다.

브뤼헤의 상점을 구경하다 보면 아름답게 만들어 전시하고 있는 레이스들을 볼 수 있어요. 레이스는 벨기에, 특히 브뤼헤의 특산품으로 보빈Bobbins을 이용하여 섬세하고 다채로운 무늬와 아름다움을 만들어 냅니다. 브뤼헤에 있는 레이스 학교Kantcentrum에 가면 전통 있는

브뤼헤 특산물 보빈 레이스

보빈 레이스 교습소로서 강좌도 열고 있고 관람자가 직접 레이스 뜨기를 경험할 수도 있게 강의도 한다고 해요.

벨기에 레이스의 기원은 16세기부터 시작되었어요. 이탈리아의 베네치아와 비슷한 시기에 벨기에 안트베르펜에서 시작하여 각지에 퍼지게 되었어요. 보빈에 실을 감아 교차시켜 만드는 보빈 레이스와 실을 펜 바늘로 만드는 니들 포인트 레이스가 있어요. 플랑드르 회화에서 보듯이 부유한 상인들은 옷깃과 소매에 레이스 장식을 했으며, 유럽의 타 국가에서도 레이스 장식은 인기가 대단하여 식탁보, 침대 커버, 손수건 등에 사용됩니다.

루벤스가 사랑한 도시 안트베르펜

브뤼헤에서 한 시간 반 정도를 달려 루벤스가 사랑한 도시 안트베르펜으로 왔어요. 안트베르펜네덜란드어: Antwerpen 안트베르펀, 프랑스어: Anvers 앙베르, 영어: Antwerp 앤트워프은 벨기에의 도시로 안트베르펜주의 주도입니다. 인구는 약 527,763명2020년 1월, 면적은 204.51㎢입니다. 1920년 하계올림픽 개최지이고, 이곳은 큰 강의 어귀에 있어 이 나라의 산물을 집산하는 요충이 되어 있으며, 벨기에 제2의 도시입니다.

과거 안트베르펜이 프랑스의 영토에 속해 있을 때, 나폴레옹 보나파르트는 이곳을 무역의 중심 항구로 삼았습니다. 당시 구축된 선창과 포대 등의 시설은 오늘날까지도 남아 있습니다. 또한, 시내에는 매우 규모가 큰 예배당인 성모 마리아 대성당Cathedral of Our Lady이 있으며, 이 성당의 탑은 높이가 123m74칸에 달해 유럽에서 세 번째로 높은 교회 탑으로 꼽힙니다.

한편, 위다Ouida의 소설 《플랜더스의 개A Dog of Flanders》는 안트베르펜 시내와 그 근교를 배경으로 하고 있습니다.

안트베르펜은 한국에서는 영어 명칭인 앤트워프Antwerp로 잘 알려져 있어요. 안트베르펀이라고도 부르고 방언으로는 안트와르프Antwarp라고도 부릅니다. 유래는 상당 기간 브라반트 공국에 속했지만, 그 이전에 존재했던 안트베르펜 후국, 한국에는 과거 영어식 발음인 '앤트워프'로 많이 알려져 있었어요. 그러나 최근에는 현지 발음을 존중하여 안트베르펜으로 부르는 추세입니다.

안트베르펜주는 안트베르펜을 중심으로 메헬렌과 튀른하우트Turnhout 같은 중소 도시들이 퍼져나가 있는 형태이며, 대부분의 도시들이 스헬더Schelde 강과 연결된 소규모 강과 운하를 중심으로 세워져 있어요. 플란데런에서 유일하게 국경과 주 경계가 동일한 언어권만을 접한 주입니다. 그래서 모든 공문서 작성과 공무가 네덜란드어로만 진행된답니다. 위에는 네덜란드가 있으며 남쪽에는 브뤼셀을 감싸는 플람스브라반트와 접해 있어요.

명칭인 안트베르펜의 기원에 대한 설화가 있어요. 고대 로마 시절, 드루온 안티고누스Druon Antigonus란 거인이 사람들의 손목을 잘라내는 악행을 저지르고 있었어요. 그러자 로마의 장군인 실비우스 브라보 Silvius Brabo가 안티고누스를 죽여서 물리치고 그의 손을 똑같이 잘라내서 스헬더 강에 던졌다고 합니다. 이 '손목을 던지다Hantwerpen'란 단어가 묵음화 등을 거쳐 안트베르펜으로 바뀌었다는 이야기입니다.

이때 실비우스 브라보는 이 단어가 '항구에'란 뜻도 있으니 그대로 도시 이름을 유지하자고 했답니다. 안트베르펜 시청사 앞에는 실비우스 브라보가 손목을 던지는 모습을 묘사한 분수대가 있으며, 안트베르펜 내에선 이 손목 모양의 초콜릿 등의 기념품을 판매하고 있어요.

인구는 약 50만 명이 넘지만 도시 외곽까지 포함한 도심권의 인구는 약 120만 명이어서 벨기에에서 브뤼셀 다음으로 인구가 많고 플란데런 지역에서 가장 인구가 많은 도시입니다. 스페인과 네덜란드의 전

손목 모양의 초콜릿

쟁이 일시적으로 끝난 1609년에는 인구가 5만 명이었고, 스페인에서 계승 전쟁이 일어난 1700년에는 인구가 7만 명이었어요.

안트베르펜을 과거에는 안트베르펜 후국이 지배하고 있었고 브라반트 공국의 지배로 이어졌어요. 안트베르펜은 패션 분야에서 높은 입지를 갖고 있으며, 안트베르펜 왕립 예술학교는 패션디자인 쪽에서는 세계적으로 유명한 3대 패션스쿨이며, 유명 디자이너들도 상당수 배출해냈어요.

대표적으로 뎀나 바잘리아, 마틴 마르지엘라, 앤 드뮐 미스터, 드리스 반 노튼, 크리스 반 아쉐, 더크 비켐베어크 등이 있답니다. 세계 3대 패션스쿨 중 하나인 만큼 입학도 힘들지만 졸업은 더 힘들어요. 한 해에 60~70여 명이 입학해서 졸업하는 건 10여 명 수준입니다.

안트베르펜 왕립 패션스쿨

2015년 제23회 대한민국 문화연예 대상 신인디자이너상을 받은 황재근이 이 학교 출신이랍니다. 이 분 사진을 보면 콧수염이 삐쭉 위로 올라간 것이 인상적이네요.

헨트, 브뤼셀, 브뤼헤와 지리적으로 가까워서 벨기에 안에서 물류가 발달했어요. 항만산업이 발전해서 유럽에서 네덜란드의 로테르담에 이어 두 번째로 큰 항구가 있어요. 과거 영국의 양모 수출 루트가 안트베르펜이었어요.

이후에도 네덜란드의 암스테르담 등과 함께 플란데런 지역의 핵심 항만 지역으로 꾸준히 발전해왔어요. 플란데런 지역이 스페인의 영토이던 시절에는, 세계적인 은광인 남미의 포토시 은광의 수익과 이 안트베르펜에서 나오는 수익이 비슷할 정도였답니다.

아울러 발달한 항만산업이 가져다주는 물류상의 우위를 살려서 석유화학 산업을 발전시켰어요. 그래서 정유시설 다섯 개를 보유한 세계 2위의 석유화학 클러스터의 지위를 차지하고 있어요.

또 안트베르펜은 다이아몬드 관련 산업이 발달했어요. 다이아몬드 거래소만 해도 네 개가 있고, 다이아몬드 구역이 따로 있을 정도입니다. 이 다이아몬드 구역은 세계에서 가장 큰 다이아몬드의 중심지로서, 보석 가공 인력만 12,000여 명이 있으며 전 세계 다이아몬드의 80%가 이곳을 거쳐 갈 정도입니다.

전통적으로 유대인들이 주도권을 잡아 왔었지만, 요즘에는 싼 임금을 바탕으로 해서 인도인들이 득세하고 있다고 합니다. 덕분에 세기의 강도 사건이라 불리는 안트베르펜 다이아몬드 강도 사건이 여기서 발생했어요. 이때 5인조 강도들이 탈취한 다이아몬드와 금 등 보석들의 가치는 1억 달러 이상이라고 합니다. 그리고 범행을 주도한 리더는 잡혔지만 훔친 보석이 아직 발견되지 않았다는 것으로 보아, 나머지 범인은 잡히지 않은 듯하네요.

그리고 코로나-19 백신을 생산하는 그 유명한 얀센Janssen이 바로 이 안트베르펜에 근거지를 두고 있어요. 얀센Janssen이라는 회사 이름은 이 회사의 창시자인 플랑드르계 벨기에인인 파울 얀센에서 유래합니다.

1960년대 이후 얀센은 미국 제약사 존슨앤드존슨Johnson & Johnson에 인수되어 다국적 기업이 되었어요. 본래는 할로페리돌, 리스페리돈 등 조현병 치료제로 유명했으며, 코로나 사태 이후 일명 얀센 백신인 얀센-존슨앤드존슨 코로나 백신은 한국에서도 접종되어 인지도가 높았어요.

안트베르펜은 벨기에 북부 지방의 철도 노선이 모이는 곳으로, 아름답기로 유명한 안트베르펜 중앙역 이외에도 벨기에 국철에서 운영하는 수많은 철도역이 있어요.

안트베르펜의 성모 마리아 대성당Onze-Lieve-Vrouwekathedraal, Cathedral of Our Lady은 플랑드르 고딕 양식을 대표하는 건축물로, 특히 뾰족한 첨

탑이 인상적인 특징입니다. 그리고 루벤스의 작품 네 점이 이 성당에 보관되어 있으며,《플랜더스의 개A Dog of Flanders》가 안트베르펜을 배경으로 하고 있어요.

즉, 네로가 보고 싶어했던 루벤스의 그림이 있는 성당이 이곳입니다. 1556년 성상 파괴 사건beeldenstorm 때 신교도들에게 파괴당한 적이 있으며, 그 때문인지 성당에는 구체적인 인물 조각은 거의 없으며 대부분 패널화가 걸려있어요. 성모 성당은 '벨기에와 프랑스의 종루'라는 유네스코 세계문화유산에 등재되어 있으며, 안트베르펜 시청 건축물 역시 같은 세계문화유산에 포함되어 있어요.

왕립 미술박물관에는 루벤스, 안토니 반 다이크, 티치아노 같은 안트베르펜에서 작품활동을 하였던 르네상스 시기부터 바로크 시기까지의 거장들의 작품이 전시되어 있어요. 특히 루벤스의 경우는 그가 생전에 공방으로 사용하던 루벤스 하우스가 그대로 남아있어 부유했던 화가의 대표 주자인 루벤스의 모습을 느낄 수 있어요.

또한 1920년 하계올림픽이 개최된 곳이며, 테니스 ATP 250 대회 European Open가 2016년부터 매년 10월경에 개최되고 있는 곳이기도 합니다. ATP의 경우 실내Indoor 대회이고 하드코트 경기입니다. 프로축구 구단으로 인지도 높은 도시이지만 테니스 대회로도 꽤 유명하답니다.

2020년 6월 9일에 안트베르펜 시는 레오폴드 2세의 동상을 철거하

안트베르펜의 성모 마리아 대성당

안트베르펜 시청

기로 결정했어요. 레오폴드 2세는 아프리카 콩고를 사적으로 지배하면서 고무와 다이아몬드 등의 사업으로 엄청난 재화를 획득하여 브뤼셀을 화려하게 건설한 공로가 컸지만, 아프리카 원주민들에게 행한 비인간적인 행위들이 폭로되어 벨기에 정부가 콩고를 몰수하기도 했지요.

세계적으로 매우 큰 규모를 자랑하는 일렉트로닉 뮤직 페스티벌인 Tomorrowland가 안트베르펜 붐-Boom에서 개최됩니다.

20세기 초반 혁신적인 엔진 설계와 뛰어난 정숙성으로 유럽 전역에 명성을 날렸던 최고급 자동차 제조사인 미네르바Minerva의 본사가 안트베르펜에 있었어요. 현재 최고급 수공 생산으로 유명한 자동차 제조사 롤스로이스의 설립자 찰스 롤스Charles Rolls가 자신의 회사를 설립하기 전 수입하던 자동차이기도 했어요.

미네르바 하면 요즘은 미네르바 대학이 유명하지요. 세계 주요 도시인 샌프란시스코에 본 캠퍼스를 두고 서울, 타이페이, 베를린, 부에노스아이레스, 하이데라바드를 옮겨가며 해당 도시가 마주한 문제를 해결하고, 글로벌적 관점에서의 문제해결 능력을 익히는 수업을 하는 미래지향적인 대학이지요.

롤스로이스의 모범이 된 미네르바 자동차는 벨기에에서뿐만 아니라 각국의 다양한 왕실과 유명한 인사들이 고객들이었으며, 미네르바는 화려함의 대명사로 당대에 가장 선진적인 세련됨과 우아함을 추구하는 사람들의 사랑을 독차지했어요. 1956년에 문을 닫은 미네르바 자동차의 미네르바는 로마신화의 여신인 미네르바에서 가져온 이름입니다.

플랜더스의 개와 성모 마리아 대성당

안트베르펜은 벨기에 제2의 도시입니다. 이 도시의 가장 화려한 거리는 메이어 거리 Meir Street 입니다. 메이어 거리는 베네룩스 지방에서 가장 비싼 쇼핑거리로 수도인 브뤼셀보다 임대료가 비싸다고 합니다. 메이어 거리는 로코코, 네오클래식 건물들이 즐비합니다. 16세기 귀족들의 저택들이 즐비하던 거리에서 오늘날에는 쇼핑타운이 밀집된 거리로 탈바꿈했어요.

이 지역은 13세기까지는 호수와 늪지대 지역이었는데 도시가 번창하면서 15세기에 운하가 생기고 거리가 포장되면서 지금의 모습으로 변했어요. 20세기에 안트베르펜 센트럴역이 건설되면서 메이어 거리

안트베르펜 센트럴역

　는 안트베르펜 도시의 중심적 역할이 확대되었어요. 1993년 안트베르펜이 유럽의 문화수도로 지정되면서 트램이 지하로 들어가고 이 거리는 보행자 전용 도로가 되었어요.

　거리 곳곳에는 벨기에와 플랑드르 지방을 빛낸 화가들의 동상이 서 있어요. 메이어 거리의 시작점에는 안토니 반 다이크Antoon van Dyck 의 동상도 하늘을 바라보며 서 있어요. 반 다이크는 유럽의 미술사에서 매우 중요한 인물이지만, 안트베르펜에서는 당대 최고의 화가인 루

메이어 궁전

벤스의 그늘에 가려 그의 명성이 상대적으로 덜 알려지기도 합니다.

2000년에는 쇼핑몰에서 화재가 발생해 새로 지어졌으며, 내부에는 아름다운 장식과 함께 Floating Bar로 불리는 페리에 로랑 샴페인 바가 마치 하늘에 둥둥 떠 있는 듯한 모습을 하고 있어요.

250년의 역사를 지닌 로코코 양식의 메이어 궁전Paleis op de Meir, Palace on the Meir은 그 자태가 매우 아름답습니다. 메이어 궁전은 원래 한 부유한 상인이 소유하고 있었으나, 나중에 나폴레옹의 소유로 넘어갔어요. 1830년에 벨기에가 독립한 후에는 왕실 소유가 되었다가 1969년에 시민들에게 기증되면서 문화부 소속 건물로 사용되었어요. 2010년 복원을 거쳐 현재는 고급 레스토랑으로 일반인들을 맞아들이고 있어요.

마르크트 광장의 중심에는 1843년에 세워진 루벤스의 동상이 서 있어요. 이 자리에는 큰 십자가가 세워져 있었답니다. 루벤스는 1587년 결혼부터 1640년 죽을 때까지 안트베르펜에 살면서 바로크 회화의 거장으로 활동했어요.

또 광장의 중앙에는 거인의 손을 던지는 동상이 우뚝 서 있어요. 바로 시청사 앞 광장에 위치한 브라보 동상입니다. 이 분수대 동상의 주인공은 살비우스 브라보Salvius Brabo로, 그는 줄리어스 시저의 사촌으로 전해집니다.

브라보 동상의 유래를 살펴보면, 전설 속 거인인 드루온 안티고누스Druon

루벤스 동상

분수대 브라보 동상

Antigonus가 강을 지나는 선원들에게 조공이나 통행료를 요구하며, 이를 거부하는 자들의 오른손을 잘라버리는 악행을 저질렀다고 합니다. 이에 살비우스 브라보Salvius Brabo가 그를 처단하고, 거인의 오른손을 잘라 강에 던졌다는 전설이 전해집니다.

이 이야기를 근거로, 동상은 브라보가 거인의 손을 던지는 순간을 묘사하고 있다고 합니다. 또한, 안트베르펜의 도시 문장Coat of Arms에는 잘려진 손 두 개가 포함되어 있으며, 도시 이름의 어원도 이 전설과 관련이 있습니다. 메이어 거리에 있는 잘린 손바닥 조형물 역시 이 전설을 표현한 작품입니다.

안트베르펜은 500년 이상의 전통을 지닌 세계 최대 다이아몬드 거래 시장이 형성되어 있어요. 안트베르펜에만 1,600개가 넘는 다이아몬드 가게가 있으며, 세계 다이아몬드 거래의 60% 이상이 이곳에서 이루어지고 있어요. 주 고객은 유대 상인이었지만 인도 상권과 두바이 상권이 급부상하면서 안트베르펜도 이에 적극적으로 대응 방안을 모색하고 있답니다.

성모 마리아 대성당은 노트르담 성당이라고도 불립니다. 성모 마리아 대성당은 벨기에에서 가장 높은 123m의 첨탑을 자랑합니다. 또한 이 성당은 플라망파 거장 루벤스Peter Paul Rubens의 명작들을 소장하고 있어 예술적으로도 매우 중요한 의미를 갖고 있어요.

성모 마리아 대성당은 1352년부터 1559년까지 200여 년에 걸쳐 지

성모 마리아 대성당

어진 교회로 유럽에서 가장 훌륭한 고딕 양식의 건물 중 하나입니다.
또 벨기에 플란데런 안트베르펜 구시가지에 위치한 고딕 양식의 주교
좌 성당으로 성모 마리아에게 봉헌되었으며, 1999년 유네스코 세계문
화유산으로 지정되었어요.《플랜더스의 개 A Dog of Flanders》에서 네로가

보고 싶어한 페테르 파울 루벤스의 성화가 걸려있는 곳으로 유명합니다.

원래 이곳에는 성모 마리아에게 봉헌된 작은 성당이 있었지만, 12세기에 들어와 건물이 낡아서 개축할 필요성이 제기되자 길이 80m, 너비 42m 규모의 로마네스크 양식 성당이 지어졌어요.

그로부터 약 200년이 흐른 1352년, 얀 아펠만스Jan Appelmans, 1352~1411와 피터 아펠만스Pieter Appelmans, 1373~1434 부자父子가 기존의 로마네스크 양식에 고딕 양식을 결합한 설계도를 작성하여 공사에 들어갔어요.

설계도 원안에서는 성당 정면의 높이 123m짜리 탑 두 개를 포함해 모두 다섯 개의 탑을 세우려고 했지만, 최종적으로는 1518년에 완성된 정면의 북쪽 탑 하나뿐이었어요. 비록 하나만 완성되었지만 이는 당시 플랑드르 지방에서 가장 높은 첨탑이었으며, 중세 때는 '사탄이 안트베르펜을 지나가다 대성당의 첨탑에 긁혔다'는 이야기가 나올 만큼 우아하고 날렵한 외관을 자랑합니다. 내부는 대성당치고 그렇게 크고 높지는 않지만 백색 벽과 단정한 장식으로 인해 우아하게 보여요.

착공 170여 년만인 1521년에 완성되었지만, 얼마 지나지 않은 1533년에 화재로 건물 일부가 소실되는 사고가 발생해 1559년에 재건하기도 했어요. 신성로마제국의 황제 카를 5세는 이미 측랑 일곱 개를 갖

취서 그렇지 않아도 충분히 거대했던 안트베르펜 대성당에 측랑 두 개를 추가시켜 더욱 크고 아름다운 모습으로 만들고자 몸소 주춧돌까지 놓았지만, 황제의 계획은 실현되지 못했어요.

16세기 중반에는 성당을 장식하던 성화와 성상들이 종교개혁 와중에 파괴되었다가 복구되었고, 1794년에는 프랑스혁명의 여파가 전 유럽을 뒤흔들 때 내부에 있던 귀중한 예술품과 장식들이 약탈당하는 수난을 겪었어요. 신고딕 양식으로 진행된 복원은 19세기부터 시작되어 마무리되었으며, 제1차 세계대전과 제2차 세계대전의 포화에도 무사히 살아남았어요. 공식적으로 복원작업은 1993년에 마무리됐답니다.

중세 시대 교역의 중심지로 부상한 안트베르펜은 16세기에 경제적으로 쇠퇴했다가 17세기에 이르러 바로크 양식이 성행하는 문화적인 부흥기를 맞이했어요. 이때 안트베르펜 성모 마리아 대성당 내부에는 바로크 시대를 대표하는 그림들이 걸렸는데, 그중에서도 가장 대표적인 화가가 페테르 파울 루벤스였어요. 루벤스의 역동적인 묘사와 화려한 색채는 많은 사람들의 경탄을 자아냈는데, 뒷날 이곳을 점령했던 나폴레옹 보나파르트도 루벤스의 그림에 매혹되어 프랑스로 강탈해가기까지 했어요. 프랑스로 옮겨졌던 그림 3점은 다행히 20년 만에 안트베르펜으로 돌아왔는데, 반환되던 날 도시 전체가 축포를 쏘고 종을 울리면서 축하했다고 전해집니다.

루벤스 〈십자가를 세움〉

루벤스가 그린 세 개의 대형작품을 보려면 표를 구입하여 대성당
본당으로 들어가야 합니다. 그 중 〈십자가를 세움The Elevation of the Cross,
1610〉이라는 작품은 플랑드르 바로크 미술을 대표하는 루벤스의 세
폭짜리 제단화로, 예수님이 못 박힌 십자가를 들어올리는 장면이 묘
사되어 있어요.

이 작품은 카라바조Michelangelo Merisi da Caravaggio, 1571~1610와 카라치 Annibale Carracci, 1560~1609의 로마 바로크 양식을 수용한 것으로, 루벤스가 이탈리아 여행을 마치고 돌아와서 처음으로 1609년에 의뢰받은 작품에서 그 이유를 알 수 있어요.

루벤스의 〈성모승천Assumption of the Virgin, 1620〉은 〈십자가에서 내려지는 그리스도〉와 〈십자가에 올려지는 그리스도〉와 함께 《플랜더스의 개A Dog of Flanders》에 나오는 네로가 눈 내리는 날 추위에 떨다가 지쳐서 사랑하는 개를 꼭 껴안고 성당 안에서 죽는 장면에서 그토록 보고 싶어 했던 그림입니다.

네로가 죽은 곳은 바로 성모 마리아 대성당이며, 그토록 사모했던 그림이 루벤스의 〈십자가에서 내려지는 그리스도〉 〈십자가에 올려지는 그리스도〉, 그리고 〈성모승천〉입니다. 이 작품들은 모두 성모 마리아 대성당에 걸려 있습니다. 또한, 성모 마리아 대성당 앞마당에는 네로와 그의 하얀 강아지를 묘사한 조각상이 있어, 그 앞에서 사진을 한 장 찰칵 찍었습니다.

플랜더스 개의 네로와 파트라슈

《플랜더스의 개 A Dog of Flanders》는 영국의 소설가 위다Ouida가 쓴 아동 문학 작품입니다. 원제는 "A Dog of Flanders"로 1872년 《Lippincott's Magazine》에 처음 발표되었으며, 단행본은《A Dog of Flanders and Other stories》라는 제목으로 출판되었고, 일본에서는 1908년에 번역되어 출판되었어요.

벨기에 북부 플란데런의 안트베르펜을 배경으로 하고 있지만 정작 작가인 위다는 영국인입니다. 이 작품은 영국이나 미국 등에서는 수 차례의 영화화 등 나름의 인기를 얻었고, 특히 일본과 한국, 필리핀에 서는 애니메이션으로 엄청난 인기를 얻었어요.

안트베르펜을 배경으로 한《플랜더스의 개》초판본과 원작자인 영국 소설가 위다

한편 무대가 되었던 벨기에에서는 일본이나 한국만큼 유명하지는
못했는데 벨기에 플란데런에서 읽을 수 있도록 네
덜란드어 번역본이 출간된 건 1987년이기 때문입니
다. 한국에서는 육당 최남선이 1912년《불쌍한 동
무》라는 제목으로 번역한 초판이 나왔어요.

가난한 주인공 네로와 그의 충견 파트라슈의 이
야기로 플랜더스는 현재 벨기에 플란데런 지방을
가리키는 영어명입니다. 주인공 네로의 이름이 로
마의 폭군 네로와 이름이 같아서 선입견이 생길 수

최남선이 번역한《불쌍한 동무》

성모 마리아 대성당 앞 네로와 파트라슈 조각

있지만, 사실 두 이름은 전혀 관계가 없어요.

네로는 두 살 때 엄마가 병으로 세상을 떠나 고아가 되었고, 우유 팔이로 연명하는 가난한 소년입니다. 그는 동네 대성당에서 페테르 파울 루벤스가 그린 성화를 보고 그림을 그리는 걸 꿈꾸지만, 가난과 편견 때문에 결국 꿈을 이루지 못하고, 간절히 원했던 소원 한 가지만 이루고 얼어 죽었다는 줄거리입니다.

이 작품은 어린 시절 아이들에게 빈부격차의 괴로움과 배고픈 아이들의 실상을 여실히 알려줬다는 평가를 받고 있어요.

일본 애니메이션 판으로 먼저 들어오면서 주인공 '넬로' 등을 비롯한 등장인물 전원이 일본어화된 표기로 수입되었고 그대로 굳어버렸어요. '코제츠'와 '아로아'도 원래는 프랑스어식 이름이므로 '코제Cogez'와 '알로이스Aloïs' 또는 '알로이즈Aloïse' 정도로 옮기는 것이 적절하지요.

《플랜더스의 개A Dog of Flanders》는 19세기 벨기에 북부 플란데런 지방의 안트베르펜과 인접한 호보컨Hoboken을 모델로 보고 있어요. 위다는 이 작품을 쓰기 전에 이 마을을 여행한 적이 있다고 하며, 여러 조사 결과 풍차나 아로

호보컨에 세워진 네로와 파트라슈 동상

아의 모델로 보이는 12세 소녀 등이 있었던 것도 밝혀지고 있어요. 때문에 안트베르펜의 성당 근처에 이를 기념하여 소년과 개의 조각상을 설치해 놓았어요.

《플랜더스의 개 A Dog of Flanders》의 줄거리를 보면 안트베르펜 교외의 작은 농촌 변두리에 사는 15세 소년 네로Nello는 정직한 성품을 지닌 외할아버지 예한 다스Jehan Daas와 충직한 늙은 개 파트라슈Patrasche와 살고 있었어요. 파트라슈는 원래는 철물점 상인의 개였는데, 그에게 심하게 혹사당한 끝에 버려진 것을 예한 다스와 외손자 네로가 거두어 길렀답니다.

네로는 우유 배달 일을 하면서도 언젠가는 일류 화가가 되는 것을 꿈꾸고 있었으며, 안트베르펜 대성당 중앙 제단을 보고 싶어했어요. 성당에는 17세기의 화가 루벤스가 그린 성화가 전시되어 있는데, 비싼 관람료 때문에 가난하고 돈이 없는 네로는 볼 수 없었기 때문입니다.

네로의 유일한 친구는 부유한 풍차 오두막집의 외동딸 12세 소녀 아로아Alois입니다. 안트베르펜 마을 관리 사업가이자 그녀의 부친인 바스 코제츠Baas Cogez는 집이 가난한 네로를 좋게 생각하지 않았어

요. 네로는 도시에서 열리는 그림 콩쿠르에 우승하는 것을 목표로 쓰러진 나무에 앉아 있는 미셸Michel 할아버지를 그렸으며, 돈이 없는 탓에 도화지도 살 수 없어 대신 널빤지에 목탄으로 그렸어요.

네로의 사정은 점점 더 어려워졌어요. 새로운 우유 업자에게 일을 빼앗겼고, 풍차 오두막집의 외부와 곡물 창고가 전소되는 상황이 발생해서 억울하게 방화 누명까지 썼어요. 게다가 크리스마스를 며칠 앞두고 외할아버지도 세상을 떠난 뒤 크리스마스 전날 집세까지 체납되어 결국 코제츠의 친구이자 욕심 많고 오로지 돈밖에 모르는 집주인 한스에 의해 오두막에서도 쫓겨났어요.

마침 크리스마스 전날은 도시에서 열린 그림 콩쿠르의 발표가 있었는데 네로는 여기에 마지막 희망을 걸었지만, 그 희망마저도 무너졌어요. 이후 마을 사람들에게 먹을 것을 달라고 했지만, 다들 매몰차게 네로와 파트라슈를 외면했어요.

상심한 나머지 눈보라가 몰아치는 길을 걷던 네로는 파트라슈가 지갑을 발견하는 장면을 보게 됩니다. 지갑 속에는 많은 돈이 들어 있었고, 그것은 코제츠 아저씨의 것이었죠. 누구든 돈을 보면 욕심이 생기기 마련이지만, 네로는 아로아의 집에 지갑을 전해 준 후, 다시 길을 떠났습니다.

코제츠는 자신의 지갑을 찾지 못해 크게 상심하다가 집에 돌아와 이 사실을 알게 됩니다. 그는 이를 하늘이 내린 벌로 여기며, 자신이 저지른 처사를 후회한 끝에 네로를 찾아 양자로 삼고, 성인이 되면 재산의 절반을 주며 아로아와 결혼시키겠다고 결심하게 됩니다.

그 후, 코제츠는 마을 사람들을 초대해 크리스마스 파티를 열고, 네로를 가족으로 맞아들이겠다고 선언했습니다. 이 말에 마을 사람들은 기뻐하면서도 네로에게 미안한 마음을 품었습니다.

한편, 네로는 지갑과 함께 파트라슈를 풍차 방앗간에 맡기고 떠났습니다. 모든 것을 잃고 절망에 빠진 네로는 크리스마스에만 특별히 공개되는 루벤스의 그림을 보려고 성모 마리아 대성당으로 갔지만, 어두운 성당 안에서는 그림을 볼 수 없었습니다. 그때 구름 사이로 한 줄기 달빛이 제단을 비추며 그의 염원이 실현되었습니다.

네로는 하나님께 감사의 기도를 올렸고, 파트라슈는 풍차 방앗간에서 뛰쳐나와 네로와 성당에서 재회했습니다. 그들은 서로 끌어안은 채, 크리스마스 추위 속에서 얼어 죽고 말았습니다.

다음 날 아침, 성모 마리아 대성당 관리자는 성당 안에서 두 시신을 발견했고, 네로와 파트라슈의 죽음이 마을 사람들에게 알려졌습니다. 콩쿠르에서 네로의 재능을 알아본 저명한 화가는 그를 제자로 삼아 키우려 했지만, 그가 이미 죽었다는 사실을 알고는 눈물을 흘리며 슬퍼했습니다.

네로와 파트라슈의 죽음에 코제츠와 아로아, 아로아의 모친, 그리고 한스를 포함한 마을 사람들은 눈물을 흘리면서 크게 슬퍼했습니다. 그들은 자신들의 행동을 돌아보며 깊이 반성하고 후회하면서 성당의 특별한 허가를 받아 제단 아래 파트라슈와 함께 네로의 장례식을 치렀습니다.

한복 입은 남자를 그린 유럽 왕실의 궁정화가 루벤스

페테르 파울 루벤스Sir Peter Paul Rubens는 바로크 시대를 대표하는 화가로, 독일 베스트팔렌 주에서 태어났기 때문에 독일어로는 '페터 파울 루벤스Peter Paul Rubens'가 됩니다. 네덜란드어로는 '피터르 파우얼 뤼번스Pieter Pauwel Rubens' 혹은 '페테르 파울 뤼번스'라고 합니다.

루벤스는 독일에서 태어났지만, 주로 네덜란드 지역현재의 벨기에 플란데런 지방에서 활동하였으며, 본인도 네덜란드 문화와 지역에 강한 애착을 가졌습니다. 그 영향으로 오늘날 독일인보다는 벨기에 또는 네덜란드 출신 화가로 널리 인식되고 있습니다. 실제로 포털사이트에서 벨기에를 검색하면 벨기에를 대표하는 인물로 그의 이름이 등장할 정도입니다.

그의 정체성은 네덜란드인으로서 형성되었으며, 개인적인 삶이나 예술적 경력, 그리고 그가 받은 영향도 대부분 네덜란드 문화권에 속해 있었습니다. 다만, 루벤스가 활동했던 당시 그의 고향은 스페인의 지배하에 있던 10개 주현 벨기에였기 때문에, 현대적인

안트베르펜 출신 루벤스(자화상)

의미에서 국적을 부여한다면 벨기에와 네덜란드 두 국가 모두와 연관이 있다고 볼 수 있습니다.

루벤스의 아버지 얀 루벤스Jan Rubens는 칼뱅주의자 변호사였는데, 정작 자신의 화풍은 가톨릭을 수호하는 경향소위 Counter-Reformation, 혹은 가톨릭 종교개혁의 화풍이었어요. 사실 당연하게도, 아버지 사후 루벤스 본인은 가톨릭 신앙 속에서 교육받으며 성장했기 때문입니다.

참고로 루벤스 가문은 원래 저지대 일대에서 세력은 크지 않아도 나름대로 뼈대 있는 귀족가문이었는데, 아버지 시절 가톨릭 스페인의 박해를 피해 스페인령 저지대에서 근현대 네덜란드가 되는 개신교 7

개 주로 피난을 갔어요. 막상 피난 간 이후 낳은 아들인 루벤스는 역설적으로 가톨릭 신자로 자라나서 아버지가 도망가게 만든 바로 그 스페인을 비롯한 유럽 가톨릭 대 귀족, 왕공들의 전속 화가로 성공했으니 역사의 아이러니인 셈입니다.

루벤스의 아버지 얀 루벤스Jan Rubens는 칼뱅주의자였지만, 개인적으로는 다소 자유분방한 성향을 가진 사람이었습니다. 그는 여러 명의 사생아를 두었으며, 그중에서도 가장 유명한 불륜 상대는 다름 아닌 그의 법률 고객이자 당대 유럽의 권력자 중 한 명이었던 '네덜란드 독립의 아버지' 침묵공 빌럼 1세Willem van Oranje의 아내, 작센의 안나Anna van Saksen였습니다.

일각에서는 루벤스가 이런 아버지에 대한 반감 때문에 가톨릭으로 개종했다는 이야기도 있습니다. 또한, 그의 어머니는 독실한 가톨릭 신자였고, 아버지가 신앙적으로 모범이 되지 않았던 만큼 루벤스는 자연스럽게 어머니의 영향을 더 강하게 받을 수밖에 없었습니다.

종교개혁 열풍 속에 혼란스러운 독일을 어린 시절에 빠져나와 벨기에의 안트베르펜에서 열네 살 시절부터 그림을 배우기 시작했어요. 초창기에는 여러 르네상스 시대 화가들의 작품을 모작하는 경우가 많았답니다. 루벤스는 미켈란젤로 부오나로티Michelangelo Buonarroti와 레오나르도 다 빈치Leonardo da Vinci의 영향을 받았으며, 특히 색감에서는 라파엘로Raffaello Sanzio와 틴토레토Tintoretto의 영향을 많이 받았습니다.

주로 성경, 신화, 인물 등을 소재로 해서 그림을 그렸으며, 스페인의 펠리페 4세, 잉글랜드의 찰스 1세, 프랑스의 마리 드 메디시스와 같은 왕족들에게도 각별한 사랑을 받았어요. 오스트리아 왕실로부터는 왕실 화가로 임명되기도 하였으며, 스페인의 펠리페 4세, 잉글랜드의 찰스 1세는 기사작위를 수여하기도 했어요. 그리고 스페인과 네덜란드의 외교관으로서 두 나라의 평화를 위해 활동하기도 했답니다.

유명한 르네상스 시대 화가들처럼 그도 든든한 후원자들의 지원 아래, 자신의 화실에서 수많은 제자들을 가르치며 부족함 없이 풍족한 화가 생활을 영위했어요. 그리고 자신의 작품과 활동 내역에 관한 계약과 저작권에도 철저해 죽는 날까지 생활의 곤란함을 겪지도 않았어요.

루벤스는 유럽 곳곳에 여러 작업실일종의 '그림 공장'을 운영하며 수많은 문하생을 거느렸고, 이들이 그의 스타일을 따라 비슷한 작품을 대량으로 제작하는 방식으로 작업했습니다. 이러한 시스템 덕분에 그는 경제적으로도 상당히 풍족한 삶을 살 수 있었습니다. 한국의 가수 조영남이 루벤스를 벤치마킹하려다 논란이 된 것도 어쩌면 이런 방식과 관련이 있을지도 모르겠습니다.

그는 생전에 2천 점이 넘는 작품을 남겼음에도 불구하고, 그의 작품은 여전히 미술 시장에서 높은 가치를 인정받고 있습니다. 특히, 소더비Sotheby's 경매에서 서양화 부문 최고가 기록을 세운 작품도 루벤스의 〈유아학살 The Massacre of the Innocents〉입니다.

그의 작품에 드러나는 특징은 역동적인 묘사와 구도, 화려한 색채입니다. 다만 세세함은 떨어진다는 평가가 많아요. 그리고 여인들을 살찐 모습으로 그리는 것으로 유명합니다. 53살 때 결혼했던 16살의 두 번째 아내의 초상화도 그렸는데, 그녀도 살집이 넘치는 걸로 봐서 원래부터 뚱뚱한 여성들을 좋아했던 듯싶어요.

당시 미의 기준이 현대보다 훨씬 더 풍만한 체형이었다는 것은 익히 잘 알려져있는 사실이지만, 동시대 다른 화가들과 비교해 보아도 루벤스가 그리는 작품 속의 여성들은 유달리 뚱뚱해요. 병으로 서른네 살의 나이에 일찍 보낸 첫 아내 이사벨라 브란트도 풍만한 체형으로 그려진 것을 보면 그의 취향이었음이 확실합니다. 중국 당나라 현종의 부인 양귀비도 엄청 뚱뚱하던데 동서양의 당시 미의 기준은 풍만이었나 봅니다.

루벤스의 후처 헬레네는 뛰어난 미모로 유명했으며, 단순히 아름다울 뿐만 아니라 루벤스의 작품에서 누드 모델로 자주 등장한 것으로도 알려져 있습니다.

"아내가 화가인 남편을 위해 누드 모델이 되어주는 것이 특별한 일인가?"라고 생각할 수도 있지만, 루벤스의 작업 방식은 위에서도 말했듯이 일반적인 화실과는 달랐습니다. 그는 수십 명의 문하생들과 함께 '공장식 작업실'을 운영하며 작품을 제작했기 때문입니다.

루벤스 作, 〈유아학살〉

루벤스 作, 〈모피를 걸친 헬레네 푸르망〉

즉, 헬레네는 여러 사람이 분주하게 작업하는 환경에서 누드 모델로 포즈를 취해야 했고, 이는 당시로서도 꽤 이례적인 일이었습니다. 게다가 루벤스의 작품을 보면 정적인 자세뿐만 아니라 매우 역동적인 포즈가 많습니다. 단순한 누드 초상화뿐만 아니라, 남녀 간의 유혹 장면은 물론이고, 묶이거나 납치당하는 장면에서도 모델 역할을 해야만 했습니다.

이 정도면 21세기 현재에도 가십거리가 될 만한데 17세기 유럽에서 가십거리가 안 되기가 어려운 일이죠. 다만 이러쿵저러쿵 말은 많아도 사회적으로 문제가 되거나 도덕적으로 지탄을 받는 건 아니라서 루벤스가 죽은 뒤 헬레네는 꽤 신분이 높은 귀족과 재혼해서 사회적으로 명망 있고 풍요하게 살았답니다.

재미있는 사실은 이 화가가 그린 작품 중에 조선인으로 추정되는 사람이 나오는 작품이 두 개나 있어요. 이걸 소재로 한 소설이 있을 정도이죠. 하지만 연구 결과 조선인이 아니라 명나라의 중국인으로 밝혀졌어요.

1617년경 벨기에 안트베르펜에서 그린 것으로 추정되는 작품으로 망건과 도포를 걸친 모습이 특징입니다. 1617년 즈음이라면, 흔히 조선에 상륙한 최초의 유럽인으로 알려진 박연이 조선에 상륙은커녕 태어나기도 전입니다.

크리스티 경매장에서 이 작품을 처음 수집하고 조사하던 도중 사진 구석에 조그마한 범선이 그려져 있는 것을 발견했어요. 그림 왼쪽 중단부를 자세히 보면 그리다 만 배가 희미하게 보여요. 이를 바탕으로 "바다를 건너서 온 인물이 아닐까?" 하는 추측을 하게 됩니다. 그리고 위의 인물이 누구를 그린 것인지 조사하던 도중 해당 그림 속 복장이 한복과 매우 흡사하다는 것을 알게 되었고 이름을 지었는데, 그것이 바로 〈한복 입은 남자Man in Korean Costume〉입니다.

당시 조선과 유럽은 교류가 없었으므로 루벤스가 어떻게 조선인을 모델로 작품을 그릴 수 있었는지 의문이지만, 제대로 된 연구는 아직 이루어지지 않았어요. 이 사람이 임진왜란 당시 일본에 끌려갔다가 다시 유럽으로 팔려간 노예라는 주장이 있는데, 그렇게 보기엔 너무 옷차림새가 단정하고 풍채가 당당해요. 1592년에 발발한 임진왜란과 시기적으로 근접하고, 당시 노예 시세가 하락했다고 할 정도로 조선인 노예가 많이 풀렸기 때문에 일부가 어떻게 흘러 흘러 유럽으로 건너갔을 것이란 추정이죠.

이와 관련해서 가장 유력하게 언급되는 인물은 안토니오 꼬레아입니다. 그는 오세영의 소설 《베니스의 개성상인》의 모델이기도 하며, 부산대학교 사학과 곽차섭 교수의 책 《조선청년 안토니오 꼬레아 루벤스를 만나다》에서도 이 가설을 제시하고 있어요. 곽차섭 교수는 이 그림의 인물이 철릭을 입은 조선인이라는 주장을 제기했어요.

이 주장에 따르면, 〈한복 입은 남자〉의 모델은 임진왜란 당시 일본

루벤스 作, 〈한복 입은 남자〉

에 끌려간 뒤, 피렌체 상인 카를레티가 구매해서 로마로 데려간 안토 니오 꼬레아라고 합니다. 그러나 지명숙과 왈라벤은 노예로 팔려와 유럽에 온 한국인이 그와 같은 벼슬아치 복장을 하고 있다는 것은 어불성설이라고 지적합니다.

그보다는 이들은 일본에서 활동했던 네덜란드 동인도 회사 무역 사무소 소장 자크 스펙스Jacques Specx, 1585~1652가 고용한 한국인 수종 隨從이 1615년경 로마가 아닌 네덜란드에 도착했을 가능성이 높다고 주장합니다.

그 외에 다른 가설로는 명나라나 일본에서 활동한 예수회 선교사 가 보내온 선교 보고서에 조선인의 그림이 실렸고 루벤스는 이를 묘사 한 것이라는 설과, 아예 이 옷이 한복이 아니라 명나라에서 돌아온 선 교사의 명나라 복식을 보고 드로잉한 그림이라는 가설도 존재합니다.

그 중 가장 설득력을 얻고 있는 주장으로는 루벤스가 외교관을 했 다는 이력을 들어, 그가 아시아 지역의 외교를 다녀오고 난 후 아시 아 의상에 깊은 감명을 얻어 자신의 그림에 아시아적 요소를 넣기 시 작했다는 주장입니다.

실제로 위의 드로잉을 전시하고 있는 미국의 전시관에서 큐레이터 는 작품을 소개할 때 이러한 주장을 인용하여 설명해요. 자신의 아시 아 외교의 성과를 축하하기 위해, 기념으로 아시아 의상을 입힌 유럽 의 제사장 및 해외 대사를 그렸다는 것입니다.

다른 드로잉 작품으로는 중국 의상을 입힌 작품이 있는데 당시 유럽의 제사장 모습과 비슷한 포즈를 취하고 있어요. 이는 평소 루벤스가 해외 문화에 큰 관심이 있었다는 뜻이기도 합니다.

최근 관련 학계에서는 이 그림의 주인공이 1600년 네덜란드를 방문했던 '홍포興浦'라는 명나라 상인이라고 추정하고 있어요. 한복과 명나라 시대 한푸즉,고려양의 유사성 때문에 약 80여 년 간 모두 착각하고 있었던 셈이죠. 그림의 주인공이 네덜란드를 직접 방문했던 사람이기 때문에 어떻게 동양 복식을 루벤스가 알고 그릴 수 있었는가에 대한 미스터리도 이것으로 해결되었어요.

또 한 가지 증거를 들자면, 남자가 입은 의관에 비치는 상투의 모양이 조선의 것과 다르다는 것입니다. 조선식 상투는 청대 이전 한족처럼 머리를 묶어 고정하는 형태이기는 하나, 상투의 크기를 줄이기 위해 정수리 숱을 쳐서 그 위에 상투를 틀었기 때문에 크기가 저렇게 크게 나오지 않아요. 청나라 이후 한족들은 만주족의 강요로 변발을 해야 했기 때문에 청대 이전의 상투 트는 법이 실전되긴 했으나, 저 남자의 상투 크기는 조선시대 인물화나 풍속화에 나오는 상투와 비교했을 때 지나치게 커요.

페테르 파울 루벤스가 다른 작품에도 동양인을 등장시켰다는 주장이 제기되기도 했어요. 해당 작품은 프란치스코 하비에르를 그린 것입니다. 이 작품엔 여러 국적을 가진 다양한 인종이 등장하는데, 중

루벤스 作, 〈한성 프란시스 하비에르의 기적〉

간에는 동양인으로 추정되는 사람이 노란 도포를 입고 망건을 쓰고 프란치스코 하비에르 쪽을 우러러보고 있어요.

복식에 나타난 망건과 끈을 맨 신발, 도포의 구체적인 묘사를 보건대, 어찌 되었건 루벤스가 최소한 한복을 입은 인물을 직간접적으로 보기는 했을 것이라는 해석이 많아요. 동시대 중국 등 아시아권의 복장을 뭉뚱그려 표현했다고만 볼 수는 없는 것이, 이미 아시아권도 나라별로 복식과 장식 등이 특징에 따라 분류되던 시기입니다.

그림의 중심인물인 하비에르의 행적상 세계 여러 나라 인종들을 묘사하고 있는데, 저 인물의 바로 옆에 있는 남미 멕시코계 인물 또한 그러한 작가의 의도에서 그려졌다 볼 수 있어요.

네덜란드 »

암스테르담 ●

잔세스칸스 ●

Netherlands

아! 히딩크와 풍차의 나라, 네덜란드

　루벤스가 사랑한 안트베르펜을 떠나 약 두 시간 동안 달려 마침내 히딩크와 풍차의 나라, 네덜란드Nederland에 들어섰어요. 네덜란드는 서유럽에 위치한 입헌군주제 국가로, 동쪽으로는 독일, 남쪽으로는 벨기에와 국경을 접하고 있으며, 북쪽으로는 영국과 마주하며 북해에 접해 있어요. 벨기에, 룩셈부르크와 함께 '베네룩스 3국'으로 불리기도 합니다.

　헌법상 수도는 암스테르담이지만, 실질적인 행정 중심지는 헤이그입니다. 종종 'Holland홀란트'라는 명칭도 사용되는데, 이는 80년 전쟁 당시 스페인에 맞서 중요한 역할을 했던 홀란트 주에서 유래했어요.

현재 홀란트는 남홀란트와 북홀란트 두 개의 주로 나뉘어 있으며, 원래 고유명사이므로 관사가 붙지 않아요.

한편, 네덜란드 정부는 2020년 1월 1일부터 공식 국명으로 '홀란트'를 사용하지 않기로 했으며, 외무부도 각국에 이 명칭 변경을 권고하고 있어요.

네덜란드는 인구 밀도가 높은 나라로 국토의 25%가 해수면보다 낮은 지역입니다. 그래서 풍차가 유명합니다. 또 네덜란드는 세계에서 언론의 자유, 경제적 자유, 인간 개발 지수, 삶의 질의 최상위 국가 중 하나입니다. 2019년 세계 행복지수 세계 5위, 1인당 GDP는 세계 7위, 인간 개발 지수는 10위였어요. 2022년 적극적 평화 지수는 세계 6위였어요.

네덜란드는 예로부터 다른 나라에서 사상·신조를 이유로 박해받은 사람들을 받아들여 번영해 왔다는 자부심이 있기 때문에 매사에 관용적인 것이 가장 큰 특징입니다. 실제로 2019년 5월 '유럽연합인종차별보고서'에 따르면 네덜란드는 스웨덴과 함께 유럽연합 중 아시아인에 대한 차별이 가장 적은 나라로 나타났어요.

특히 일본에는 도쿠가와 막부에 의한 쇄국정책 당시 기독교 포교 금지 조건에 유럽 국가 중 유일하게 응했고, 나가사키의 데지마를 통한 무역을 통해 유럽의 근대 문명을 '난학'이라는 형태로 일본에 가져와 메이지 유신 이후 급속한 근대화를 추진하는 초석이 되었답니다.

네덜란드에서 가장 큰 축제 〈킹스데이〉

또한 가톨릭 국가로서 최근 인도네시아에서 독립한 동티모르와는
달리 동인도 회사에 의한 인도네시아 통치 당시에도 기독교가 아닌 이
슬람교의 보급을 오히려 영토 확대의 지렛대로 이용했을 정도입니다.

오늘날에도 다른 유럽 국가들에 비하여 실로 많은 이민자들이 그
삶의 편리성으로 인해 합법·비합법을 가리지 않고 거주하고 있어요.
합법적으로 입국한 EU 역외에서의 이민에 대해서는 네덜란드어 강
습, 사회화 강습, 취직 상담을 세트로 한 이른바 '시민화 강습'의 실시

를 다른 유럽 국가들에 앞서 하는 등 일정한 이민 대책도 강구하고 있어요.

그러나 일부 이슬람계 주민들 사이에서 극단주의가 확산되면서, 저명한 영화감독 테오 반 고흐 암살 사건이나 개신교 교회 방화 사건 등이 잇따르고 있어요. 이러한 사건들로 인해 이슬람계 주민들에 대한 반감이 커지면서, 이슬람 이민자 배척을 내세우는 극우 정당인 자유당이 점점 더 세력을 키우게 되었어요.

현재 자유당의 지지를 받는 정부도 이슬람계 이민 규제와 부르카 착용 금지 등의 정책을 채택하며 강경한 입장을 보이고 있어요. 또한, 유럽 헌법 국민투표가 부결된 배경에도 이러한 반反이슬람 정서가 영향을 미친 것으로 알려졌어요.

한편, 네덜란드에서는 대마 등 소프트 드러그Soft Drugs의 판매, 소지, 사용이 일부 허용되어 있으며, 적극적 안락사도 합법화되어 있어요. 다만, 소프트 드러그의 경우 정부가 마련한 규칙에 따라 엄격한 관리와 감시가 이루어지고 있으며, 지정된 커피숍coffee shop에서만 구매 및 사용이 가능합니다.

여기서 '커피숍'은 대마초 등을 판매하는 곳을 의미하며, 실제로 커피를 마시려면 '카페café'에 가야 해요. 커피숍 근처를 지나가면 특유의 메케한 냄새와 자욱한 연기가 퍼져 있는 모습을 쉽게 볼 수 있습니다.

1991년에는 형법이 개정돼 16세 이상은 포르노 출연, 성행위가 적법하답니다. 이를 토대로 국가의 허가를 받으면 관리 성매매도 합법이며 성매매를 국가 관리하에 합법화하여 위생상태의 향상을 꾀하였고, 성병 감염률이 저하되는 결과를 얻었다고 합니다. 또한 세수 증가, 성매매에 종사자의 보호 강화 등이 실현되었다고도 합니다.

이런 점에서 세계 유수의 '성性 해방구'로 알려져있지만 성범죄를 저지르면 가차 없이 체포되는 것은 다른 나라와 하등 다르지 않아요. 또한 이러한 행위에 관여하는 것은 나름대로 리스크도 크므로 자유로운 한편 자기책임을 지고 행동해야 하는 나라라고도 할 수 있어요.

네덜란드 경제성장의 가장 큰 원동력은 해외시장입니다. 중공업 분야는 무역업과 제조업에 비해 비교적 늦게 발달했어요. 북해와 암스테르담을 연결하는 북해 운하 입구에는 에이마위던Ijmuiden이라는 항구 도시가 있는데, 이곳에는 코크스 제조 공장과 네덜란드 최대 규모의 제철·제강 공장이 자리하고 있어요.

네덜란드는 천연자원이 풍부한 편은 아닙니다. 림뷔르흐 주의 탄전은 1970년대에 이미 폐쇄되었지만, 북해 연안의 그로닝겐 지역에서는 대규모 가스전이 발견되었습니다. 특히 이곳에는 세계 최대 규모의 천연가스가 매장되어 있으며, 생산된 천연가스의 상당 부분이 수출됩니다. 석유도 생산되지만, 천연가스에 비해 매장량이 적어 네덜란드 경제에 큰 영향을 미치지는 않습니다. 한편, 헹겔로와 델프제일 근처에는 막대한 양의 암염이 매장되어 있으며, 일부는 국내 산업용으로 사용되고 나머지는 수출됩니다.

네덜란드의 농업은 최첨단 기술과 높은 생산성을 자랑하고 있어요. 유럽의 다른 나라들과 마찬가지로 농업 인구는 감소하고 있으나, 경영 규모가 커져서 생산성이 점점 높아지고 있어요. 국토의 4분의 1 정도가 농지로 이용되는데, 이중 약 30%가 목초지입니다. 네덜란드에서 생산되는 농산물의 약 3분의 2는 세계 각국으로 수출됩니다.

또한 겨울철 날씨가 온화하고 토양이 기름진 네덜란드는 원예 농업이 발달했어요. 수천 개의 온실에서는 토마토, 오이, 피망 같은 채소가 첨단 시설로 재배되고 있어요. 헤이그와 뫼즈 강 하구 사이, 델프트 주변과 로테르담 북부에는 유리 온실이 줄지어 있어요.

축산업도 네덜란드 경제에 큰 역할을 합니다. 자동화된 대규모 농

최첨화된 네덜란드의 농업

장에서 젖소, 돼지, 닭, 오리 등을 대량 사육하고 있고 유제품 관련 산업도 잘 발달했어요.

하우다, 에담, 레르담과 같은 도시는 치즈 생산지로 유명하며, 이 지역에서 생산된 치즈는 도시의 이름을 따서 불려요. 4월에서 9월까지 알크마르에서는 금요일 아침마다 전통 치즈 시장이 열리는데 전통 치즈 시장에서는 커다란 치즈 경매가 진행되고 관광객들은 이 광경을 보기 위해 알크마르를 찾는답니다.

네덜란드는 위도가 높은 곳에 있지만, 북부 지역은 북해의 난류와 편서풍의 영향을 받는 해양성 기후로 1년 내내 온화한 편입니다. 여름과 겨울의 기온 차는 적지만, 날씨는 변덕스러워요.

암스테르담의 거리를 걷다가 몰아치는 비바람에 백화점 건물에 들어가 몸을 녹였지만, 비바람으로 인해 우산이 완전히 망가졌어요. 지나고 보니 이것도 좋은 추억의 한 장면이 되는군요.

네덜란드의 수도인 운하의 도시, 암스테르담

암스테르담Aemstelredam은 네덜란드의 수도이자 최대 도시입니다. 2022년 기준으로 인구는 921,402명이고, 면적은 219㎢로 서울의 약 1/3 정도입니다. 왕궁과 주요 정부 기관의 대부분은 헤이그덴 하흐에 위치해 있지만, 네덜란드 헌법에서 규정된 네덜란드의 공식 수도는 암스테르담입니다.

1275년경 암스털강Rivier de Amstel에 둑을 쌓아 건설된 '암스텔레담Aemstelredam'에서 현재의 암스테르담이라는 지명이 유래했어요. 네덜란드어의 '담Dam'은 흔히 영어식인 '댐Dam'과 같은 어원을 가지며, 따라서 암스테르담은 '암스털강의 댐'이라는 뜻을 지녀요. 네덜란드어 발음으

로는 '엄스트르덤[amstər'dam]'에 가깝답니다.

　암스테르담의 구시가지, 즉 반원형으로 이루어진 세 개의 큰 운하로 둘러싸인 지역은 '운하 지구Grachtengordel'로 불립니다. 이 지역은 2010년에 유네스코 세계유산으로 지정되었어요. 암스테르담 중앙역에서 도보로 최대 20분 정도면 운하 지구의 끝까지 갈 수 있어서 많은 사람들이 쉽게 지나치게 되지만, 사실 그 안에는 다양한 관광 명소들이 숨어 있습니다. 운하 주변의 고풍스러운 건물과 다채로운 문화적 매력을 즐길 수 있는 곳이에요.

대마초와 매춘이 합법화된 국가의 수도답게 여러 곳에 그와 관련된 업소와 거리가 있어요. 여러 나라로부터 많은 욕을 먹어서 네덜란드에서도 요즘은 마약을 불법화하는 쪽으로 규제가 강화되고 있어요.

한편, 암스테르담의 시 문장인 XXX를 저러한 도시 특징과 연관시키는 사람들이 많은데, 실제로는 중세부터 유래해 온 유서 깊은 문장입니다. X자 십자가는 스코틀랜드의 깃발에도 쓰이는 성 안드레아 십자가이며, 붉은색과 검정색 세 개의 십자가 조합은 암스테르담 시의 문장에서 왔어요. 이 문장은 페르세인 가의 십자가에서 왔는데 십자가가 아홉 개입니다. 암스테르담의 수어도 양손 검지로 세 번씩 X자를 만드는 것이라고 합니다.

암스테르담의 시 문장

암스테르담에는 민가나 생가를 개조하거나 개인이 차린 박물관이 상당히 많아요. 그러나 입장료가 대개 부담스러운 수준이라 안네의 집 말고는 인기가 없어 자발적으로 광고를 돌리기도 합니다. 안네 프랑크의 집은

안네 프랑크 하우스와 동상

3시 이전에 온라인 예약을 하면 기다리지 않고 입장할 수 있어요.

암스테르담 국립미술관은 네덜란드에서 가장 유명한 미술관 중 하나로, 특히 렘브란트의 걸작인 〈야경Night Watch〉이 전시되어 있어 많은 관광객들의 필수 방문지로 꼽힙니다.

또한, 이 미술관 앞에는 유명한 관광지 사진 명소인 〈I amsterdam〉

암스테르담 국립미술관

조형물이 있었으나, 관광객의 과밀 문제로 2018년 12월부터 철거되었고, 현재는 스키폴 공항 앞에 위치하고 있어요. 그 근처에는 반 고흐 박물관 Van Gogh Museum도 위치해 있어, 예술을 사랑하는 관광객들에게 더욱 인기 있는 명소입니다.

암스테르담에서 네덜란드식 음식점을 찾는 것은 거의 불가능할 정

도로 그 수가 적어요. 도리어 인도네시아, 중국_{남방계}, 수리남 음식점 같은 외국 음식점이나 스테이크 집이 훨씬 더 많고 간단하게 먹는 음식점마저 네덜란드 입장에서의 외국 음식으로 가득합니다. 네덜란드 음식은 대부분 가정에서 쉽게 해 먹을 수 있는 것으로 달리 말하면 가게에 내놓기는 적합하지 않은 것이 대부분이기 때문입니다.

암스테르담 중앙역

　네덜란드 국유철도의 총본산인 암스테르담 중앙역이 있어요. 로테
르담, 헤이그 외에도 벨기에 브뤼셀, 프랑스 파리, 독일 베를린, 쾰른,
덴마크 코펜하겐, 폴란드 그단스크, 바르샤바, 체코 프라하, 심지어는
스위스를 넘어서 이탈리아 밀라노 방면으로 가는 기차표도 팔고 있
어요. 암스테르담 중앙역에서 바로 표를 뽑아주기는 하지만, 덴마크
와 그단스크 방면은 독일에서 환승을 해야 합니다.
　과거 네덜란드 국철의 주간선 라인을 통해, 나치 독일이 저지른 제

2차 세계대전 당시 프랑스 침공의 전진 기지로 네덜란드 침공1940년 5월 10일을 했던 흑역사가 있어요. 네덜란드와 독일의 철도 라인은 직결 운행 정도가 아니라 그냥 한 노선이기 때문에, 제2차 세계대전 당시 정말 한순간에 나치 독일한테 침공당해서 네덜란드가 멸망했어요. 기차 라인 그대로 처들어오는데 어떻게 막을 수 있나요? 암스테르담이 독일한테 함락된 날짜는 1940년 5월 13일입니다.

'운하의 도시'라는 별명답게 암스테르담의 운하는 그 자체만으로 암스테르담을 상징하는 존재입니다. 운하 중심 구역은 유네스코 세계 문화유산에도 등재되어 있어요.

암스테르담은 크게 운하 내부와 외부로 나눌 수 있는데 흔히 생각하는 암스테르담의 이미지는 내부에 밀집되어 있어요. 중앙역과 중앙 도로를 중심으로 서편은 사무 지구라 깨끗해도 트램으로 이동하기 불편하고, 동편은 대체로 낡은 편이라 굳이 벗어난다면 남쪽이 무난해요. 북쪽의 경우는 배를 타야 하나 페리가 자주 있고 무료로 탈 수 있기 때문에 편리한 편입니다.

암스테르담역 앞에 내려서 다리를 건너면 다수의 운하 관광선 업체들이 영업을 하고 있어요. 시간과 가격이 다른 프로그램이 다양해서 짧은 것은 약 한 시간에 시내를 일주하기도 합니다. 저도 한 시간의 시내 일주를 했어요.

운하의 모습은 아름다워도 운하 물은 흐려요. 게다가 네덜란드는 흡연에 꽤나 관대한 편이라 흡연을 하고 담배꽁초를 운하 안에다 던져 넣는 일이 흔해요. 운하 가에 앉아서 운하에다 담뱃재 털어대는 것도 자주 볼 수 있으며, 음식물 쓰레기는 물론, 구토나 운하에 볼일을 보는 경우도 많답니다. 시내 중심부는 좀 지저분하지만 외부나 암스텔강으로 이어진 수로는 수질이 그나마 좋아 여름에 수영하는 사람도 많아요.

암스테르담은 자가용에 과도하게 배분된 도로 공간을 보행자와 자전거, 대중교통에 배분했어요. 대부분의 시내 도로에서 제한 속도를 30km/h 수준으로 낮추고, 신호 체계를 자전거와 보행자 중심으로 정비하여 의도적으로 시내 도로를 멀리 우회하는 일방통행로로 구성한 뒤 자전거에만 양방향 통행을 할 수 있도록 했어요. A에서 B까지 자전거와 보행자는 직선으로, 자가용은 복잡한 일방통행로를 거쳐 가도록 하는 등의 방식으로 단순히 자전거 이용을 권장하는 소극적 접근을 넘어 적극적으로 대중교통과 자전거의 시간적 비교 우위를 보장하기 위해 노력하고 있어요.

암스테르담은 자전거 타기 좋은 도시로도 유명해요. 자전거 이용을 위한 인프라가 잘 마련되어 있고, 주민들의 자전거 이용률 또한 매우 높아요. 거리 신호등 역시 자전거 전용 신호등이 있을 정도입니다. 다만 일부 운하 구간은 자전거 도로와 인도의 구분이 애매해요. 돌로 만든 도로인데 길 자체가 좁고 구분이 잘 되어 있지 않아 가끔 잘 모

암스테르담 중앙역 근처 다리에 세워진 어마어마한 자전거들

르는 관광객들이 인도인 줄 알고 걸었는데 자전거 따르릉 소리를 듣
고 멋쩍게 비키는 경우가 많아요. 네덜란드의 이런 훌륭한 자전거 인
프라를 세계 곳곳에서 벤치마킹해 가고 있는데 유명한 성공 사례로
는 일본의 센다이시가 있답니다.

서울에서도 2020년부터 비슷한 자전거 인프라를 구축한다고 밝혔
지요. 네덜란드의 자전거 인프라를 벤치마킹했는지 모르겠지만, 한강
변으로는 자전거 전용도로가 훌륭하지만 시내의 자전거 전용도로는
암스테르담에 비하면 한참 뒤처지고 있어요.

암스테르담에서는 관광객을 위한 자전거 렌탈 서비스가 매우 인기 있어요. 3-4유로 정도의 저렴한 가격으로 자전거를 대여할 수 있어서, 많은 사람들이 이 편리한 방법을 이용해 도시를 둘러봅니다. 자전거를 타고 중앙역, 하이네켄 박물관, 고흐 박물관, 안네 프랑크 생가 등 주요 명소를 넉넉잡아 30분 내외의 거리로 여행할 수 있어 매우 효율적이고 즐거운 여행 방법으로 손꼽힙니다.

이곳의 자전거들은 대부분 앞에 우유 상자와 같은 네모난 박스를 자전거 바구니 용도로 달고 다녀요. 가끔 운하 청소를 위해 바지선이 운하 바닥을 파기도 하는데, 가장 많이 나오는 쓰레기는 역시 자전거라고 합니다. 자전거 타기 좋은 도시라는 말은 반대로 걸어 다니는 여행자들에게는 차보다도 자전거를 조심해야 한다는 말입니다.

암스테르담의 모든 교통수단심지어 트램까지도은 보행자를 우선으로 지켜 주지만 자전거만은 예외입니다. 자전거 길에 걷는 사람이 있고 좀 불안하면 여지없이 벨을 울려요. 자전거가 피해 가거나 멈추는 법은 거의 없기 때문에 알아서 잘 피해야 합니다.

자전거 교통을 발달시키면서 자동차보다 손해 보는 시간을 없애기 위해서인지 자전거가 멈추는 경우는 횡단보도밖에 없어요. 심지어 이 경우도 차가 거의 없으면 자전거가 먼저 달리고 차들이 기다립니다. 현지인들에게 암스테르담의 치안에 관해서 물어본다면 대부분 "자전거에 치이는 것 빼고는 안전한 편이다"라는 답을 들을 정도입니다.

어디서나 자전거 조심

　암스테르담에 있는 17세기경에 지어진 옛 건물들은 모두 창문이
세 개이고 5층밖에 되지 않아요. 당시 상업이 발달한 네덜란드에서
상인들이 경쟁적으로 경관이 좋은 운하 주변에 집을 짓자 규제하기
위해 폭 8m 이상, 5층 초과, 창이 세 개보다 많은 건물에 대해서는 미
칠 듯한 세금을 매겨서 현재와 같은 모습이 되었답니다.

　17세기에 지어진 건물들이기 때문에 물론 엘리베이터는 없어요. 따
라서 위층에 짐을 올리기 위해서는 도르래를 사용해야 했기 때문에

암스테르담 수상가옥들

전통 건물들은 최상층에 도르래 고리가 돌출되어 있어요. 꼭대기 층의 다락방 창문을 통해 줄을 걸어서 높은 층에 짐을 옮길 때 쓰는 것이랍니다. 그렇게 끌어올린 짐은 창문으로 들여놓아요. 또한 이 때문에 꼭대기로 갈수록 집이 약간 앞으로 기울어져 있다는 설도 있어요.

암스테르담에는 공공 임대 주택이 60%가 넘어서 저렴한 가격에 누구나 들어가 살 수 있어요. 그래서 집 없이 사는 노숙자가 드문 편입니다. 학생 신분에서 벗어나 집에서 독립하려는 자녀들에게는 독립

자금이 지원되지만, 한 번 들어가면 이사를 잘 안 해서 순번 대기 줄이 좀 긴 편이랍니다.

특이한 볼거리 중 하나로는 수상 가옥이 많아요. 운하 위에 배를 띄워 놓고 집처럼 사는데, 꽤 볼 만합니다. 초기에는 부동산 가격이 비싸서 집을 마련하지 못한 가난한 사람들이 대부분이었으나, 최근에는 부자들이 취미로 소유를 늘려가고 있어요. 기원이 기원이다 보니 네덜란드 정부에서는 적극적으로 단속하지는 않지만, 현재 숫자인 1만2천 개 정도에서 더 늘어나지 않도록 규제하고 있어요.

최근에는 정책을 완전히 전환해서 수상 주택의 규제를 전면 폐지하고 수상 가옥용 부지를 판매까지 하고 있답니다. 따라서 수상 가옥이 늘어나는 추세이고 이런 추세는 더욱 가속화될 것으로 보여요. 저에게는 수상 가옥이 낭만적으로 보이지만 수상 가옥으로 인해 수질이 오염되지 않을까 걱정이 됩니다.

담 광장과 암스테르담 왕궁

암스테르담을 제대로 보려면 먼저 암스테르담 중앙역에서 시작하는 것이 좋아요. 이 역은 네덜란드 암스테르담의 중앙역이자 암스테르담을 넘어 네덜란드를 대표하는 철도역이자 현관입니다. 순수하게 규모로만 따지면 위트레흐트 중앙역에 밀리고 승객 숫자도 밀리지만, 그 상징성만큼은 위트레흐트 중앙역이 따라올 수 없어요.

암스테르담 중앙역은 하루에 무려 16만 명이 이용하는 크고 아름다운 역입니다. 쾰른 중앙역처럼 승강장도 많고, 승강장 한 면을 쪼개서 반대 방향의 두 열차를 취급할 수 있을 정도로 하나하나가 모두 길고 아름다운 역입니다. 암스테르담 중앙역은 도쿄역의 모티브가

된 건물입니다.

2018년에 에이강 방면 북쪽으로 버스 환승 터미널과 대수선 공사를 하여 북쪽은 나름대로 미래지향적인 풍경입니다. 북쪽을 통해 5분 간격으로 운행하는 무료 페리를 이용하여 노르트 방면으로 갈 수 있어요.

1800년대 후반 시가지 북부에 인공 섬을 만들어 역사를 건설한 것이 시초입니다. 공사를 진행하는 동안 암스테르담 빌럼스포르트역을 임시로 만들어 대체했어요. 1870년대 완공을 목표로 잡고 공사를 진행했으나 시행착오로 인해 인공 섬이 침강을 해서 1889년에 개통을 하게 되었지요. 이때 플랫폼과 그 위를 덮고 있는 철골 아치형 지붕은 지금까지도 남아있어요.

암스테르담 중앙역의 디자인을 맡은 건축가는 피에르 카위퍼스 Pierre Cuypers입니다. 그는 이후 암스테르담 국립박물관Rijksmuseum과 구덴하흐 중앙역 등 여러 주요 건축물을 설계하며 네덜란드 건축사에 큰 영향을 미쳤어요. 그의 건축 디자인은 전 세계적으로 호평을 받았으며, 특히 일본의 도쿄역이 암스테르담 중앙역을 모티브로 삼아 건설된 것으로 알려져 있습니다.

서울역도 암스테르담 중앙역을 모티브로 하였다고 여겨졌으나, 실제로는 루체른 구 역사를 모티브로 했음이 밝혀졌어요. 일제강점기 당시의 부산역은 암스테르담 중앙역도쿄역이 모티브가 되었다고 합니다.

담락 거리

　　암스테르담 중앙역에서 큰 도로인 담락 거리를 따라서 걸어가면
담 광장이 나옵니다. 이 거리에는 전차와 버스가 많이 다닌답니다. 암
스테르담 중앙역에서 담 광장으로 통하는 길옆의 건물들이 암스테르
담의 역사를 말해 주고 있어요. 어떤 건물들의 옥상에는 두 개의 고
리가 건물 앞으로 나와 있어요. 오래전에는 엘리베이터가 없어서 저
고리에 밧줄을 걸어서 물건들을 들어 올리고 내렸답니다. 갈고리가

튀어나온 건물들은 최소한 몇백 년은 된 건물이라는 의미입니다.

　암스테르담 중앙역에서 담 광장으로 가는 길옆을 보니 암스테르담 운하가 있고 배들이 정박하며 손님들을 기다리고 있어요. 운하를 오가는 배에 오르니 암스테르담 시내를 관통하는 운하들을 따라 암스테르담의 구석구석을 둘러볼 수가 있었어요. 운하의 물길이 도로처럼 서로 만나기도 하고 나누어지기도 합니다. 암스테르담이 '운하의 도시'라는 별명을 가진 이유를 실감할 수 있어요. 도시 곳곳을 가로지르는 운하를 따라 다양한 크루즈선이 운행되며, 관광객들은 유람선을 타고 아름다운 도시 풍경을 색다른 시각에서 즐길 수 있답니다.

암스테르담 운하의 총 길이는 100km가 넘고, 약 90개의 작은 섬과 1,500여 개의 다리가 있어서 암스테르담을 북방의 베니스라고도 합니다.

담 광장으로 가려면 300m쯤은 더 가야하는데 갑자기 비가 쏟아집니다. 바람도 세게 불어서 우산이 날아가고 11월 초의 가을 날씨가 겨울 같아요. 일단 비바람을 피해 백화점으로 들어갔어요. 6층 정도 되는 백화점에서 아이쇼핑을 하며 몸을 녹였어요. 품위가 있는 백화점인데 서울의 백화점같이 화려하지는 않았어요. 비가 잦아져서 백화점에서 나와 담 광장으로 걸어갔어요.

담 광장은 암스테르담의 역사적 중심지이자 랜드마크로, 관광객들이 반드시 들르는 명소 중 하나예요. 중앙역에서 남쪽으로 약 750m 떨어져 있으며, 암스텔 강의 원래 댐이 있던 곳에서 유래했어요. 광장은 대략 직사각형 형태로, 동서로 약 200m, 남북으로 약 100m 정도 뻗어 있어요.

담락Damrak과 로킨Rokin 거리와 연결되며, 중앙역과 Muntplein조폐국광장을 이어주는 중요한 길목이기도 해요. 북동쪽 모퉁이 너머로는 암스테르담의 대표적인 홍등가인 'De Wallen'이 위치해 있죠. 서울의 청

량리 588이 개발로 인해 주상복합단지로 변한 것과는 다르게, 담 광장 근처의 홍등가는 여전히 옛 모습을 유지하고 있는 것이 흥미로운 차이점이에요.

광장의 서쪽 끝에는 1655년부터 1808년 왕실 거주지로 개조될 때까지 시청으로 사용되었던 신고전주의 양식의 왕궁이 있네요. 그 옆에는 15세기 고딕 양식의 Nieuwe Kerk새교회와 마담 투소 암스테르담이 있어요. 왁스 박물관. J.J.P.가 디자인한 흰 돌기둥인 국립기념물 National Monument인 Oud는 1956년 제2차 세계대전의 희생자들을 기리

담 광장, 2차대전 희생자 위령탑

기 위해 세워진 광장 반대편에 우뚝 솟아 있어요.

또한, 광장을 내려다보는 곳에는 NH Grand Hotel Krasnapolsky 와 네덜란드의 대표적인 고급 백화점 De Bijenkorf가 위치해 있어서, 쇼핑과 휴식을 즐기기에도 좋은 곳이에요. 이러한 다양한 볼거리 덕분에 담 광장은 암스테르담에서 꼭 방문해야 할 주요 관광지 중 하나로 손꼽혀요.

담 광장의 전쟁 기념탑 건너편, 광장의 서쪽에는 암스테르담 왕궁

담 광장 전면으로 보이는 암스테르담 왕궁과 새교회

Koninklijk Paleis Amsterdam이 위치해 있어요. 이 왕궁은 네덜란드 국왕 빌럼 알렉산더Willem-Alexander가 공식 행사와 국정 활동에 활용하는 세 개의 왕궁 중 하나예요.

이 건물은 제이콥 판 캄펜Jacob van Campen이 1648년부터 건설에 착수하였으며 원래는 암스테르담 시청사였어요. 13,000여 개에 달하는 나무 기둥과 재료를 비롯해 총 850만 휠던이 들었어요. 석재로는 독일의 벤다임 지역에서 나는 황금빛의 사암을 썼으며 전체 건물에 쓰였어요. 황금빛과 비슷한 색조 덕에 매 시간마다 일조량의 차이에 의해 빛깔이 달라집니다.

건축가는 로마의 궁전에 깊은 영감을 받아 로마의 공공기관처럼 암스테르담에 북부의 로마식 건물을 짓고자 했어요. 17세기 네덜란드 공화국의 엄청난 번영에도 불구하고 문화적, 상징적 건물과 문화적 인식의 부재를 상당 부분 느끼고 있었던 당대의 정재계 인사들에게도 반가운 소식이었지요. 기술적 보충은 후에 시청사 계획을 맡은 다니엘 스탈파렛이 공조하였으며, 조각상의 경우 아르터스 케리즌이 맡았어요.

내부 공간은 눈부신 풍요로움의 상징과도 같아요. 중앙 홀은 120피트 길이이며 60피트 넓이 정도이고 바닥재는 대리석을 쓰고 있는데 바닥에는 두 개의 반구를 그린 지도가 있어요. 서반구와 동반구가 있는데 당시 네덜란드의 식민지 정책과 관련된 것입니다. 영토에 관련한 지도이기도 하며 육반구는 18세기 중반에 만들어졌고 17세기 초의 네덜란드 역사를 반영하고 있어요.

궁전 맨 꼭대기에는 돔형의 포탑이 있으며 풍향계가 서 있어요. 돔 바로 아래에는 네덜란드의 영해로 들어오는 배와 항구를 볼 수 있도록 몇 개의 창이 만들어져 있어요.

1655년 7월 20일에 시장과 시의회의 결정에 따라 전면 개방되었으며 내부 장식은 암스테르담시의 권위와 힘을 상징합니다. 내부 그림은 고베르트 플링크를 비롯해 제이콥 요르단스 등의 작품이 있어요. 램브란트의 가장 거대한 작품인 〈The Conspiracy of Claudius Civilis〉도 전시하였으나 몇 달이 지나고 다시 돌려주었답니다. 당시에는 왕궁이 세계 8대 불가사의로 여겨질 만한 수많은 후보 가운데 속하였으며 오래도록 유럽에서 가장 큰 행정 목적 건물이었어요.

애국주의자 혁명 이후 네덜란드에 바타비아 공화국이 수립되었지만, 프랑스의 영향력 아래 놓이게 되었어요. 결국 1806년, 나폴레옹 보나파르트Napoléon Bonaparte는 자신의 동생 루이 보나파르트Louis Bonaparte, 1778~1846를 왕으로 즉위시켰어요. 처음에는 헤이그의 궁전에 머물던 루이 보나파르트는 이후 암스테르담Amsterdam으로 거처를 옮겼고, 기존의 시청사를 왕궁Paleis op de Dam으로 개조했습니다. 이렇게 해서 오늘날 우리가 알고 있는 암스테르담 왕궁Koninklijk Paleis Amsterdam이 탄생하게 되었답니다.

네덜란드의 왕으로만 살줄 알았던 그는 결코 오래도록 머물지 못하였어요. 1810년 7월 2일 루이 보나파르트는 프랑스의 침공으로 강제 퇴위당하였으며 프랑스의 고문관이었던 찰스 프랑수아 레번이 머물게 되었답니다.

나폴레옹의 권력이 무너지자 1813년 윌리엄 6세 왕자Prince William VI는 다시 네덜란드로 돌아왔어요. 왕궁을 원형으로 복원하기 위하여 그는 복구 사업에 착수했어요. 대관식을 치르고 난 뒤 암스테르담이 네덜란드 왕국의 수도로 확정되면서 헤이그와 브뤼셀벨기에와의 분리 전은 행정 수도로 남게 됩니다. 이에 왕은 수도 내의 궁전이 필요하다는 사실을 절감하고 다시 시청사를 궁전으로 쓰기로 했어요.

이 왕궁은 1936년 네덜란드 왕국의 소유로 등재되었으며 국빈 방문과 새해맞이, 클라우스 여왕 부군상Prince Claus Prize을 수여할 때에 여왕의 공식 관저로 쓰이고 있답니다.

반 고흐 미술관

반 고흐 미술관네덜란드어: Van Gogh Museum은 네덜란드를 대표하는 19세기 신인상파 화가 빈센트 반 고흐의 작품을 중심으로 전시한 미술관입니다.

1890년 빈센트 반 고흐가 세상을 떠난 후, 그의 작품들은 그의 동생 테오Theo에게 상속되었지만, 6개월 후 동생 테오마저 세상을 떠나자 다시 작품들은 테오의 미망인 요한나 반 고흐-봉거르Johanna van Gogh-Bonger에게 돌아갔어요. 빈센트 반 고흐의 예술 세계를 세상에 알리고 싶었던 요한나는 고흐의 일부 작품들을 팔기도 했지만, 나머지 작품들은 잘 보존했어요.

반 고흐 미술관

요한나가 세상을 떠난 후, 작품들은 다시 그녀의 아들 빈센트 빌렘 반 고흐 Vincent Willem van Gogh에게 상속되었고, 1925년부터 점진적으로 암스테르담에 위치한 시립미술관 Stedelijk Museum에 대여되어 수년 동안 그곳에서 전시되었어요.

1962년, 빈센트 반 고흐 재단 Vincent van Gogh Foundation이 정부 주도로 설립되면서 고흐의 작품들이 재단으로 모이기 시작했어요. 이에 네덜란드 정부는 재단 컬렉션을 전시할 반 고흐 미술관 건립을 결정했고, 1963년 건축가이자 가구 디자이너인 게리트 리트벨트 Gerrit Rietveld에게 미술관 설계를 의뢰했어요. 그러나 리트벨트는 건축을 맡은 지 1년 만에 세상을 떠났고, 그로 인해 건물 완공까지 10년이 걸려 1973년에 개관하게 되었어요.

1999년에 일본의 현대 건축가 키쇼 쿠로카와의 설계로 미술관에 새로운 부속 전시관Exhibition Wing이 증축되었어요. 이로 인해 반 고흐 미술관은 게리트 리트벨트가 설계한 본관과 키쇼 쿠로카와가 설계한 신관으로 나뉘게 되었어요. 본관은 상설 전시, 신관은 특별 전시를 중심으로 운영된다는 원칙에 의해서 관리되고 있어요.

본관에는 특히 고흐의 작품을 연대순으로 소개하여 그의 작품 세계가 성장해 가는 과정을 한눈에 볼 수 있어요. 본관 1층과 2층에서는 고흐의 회화 작품을, 3층은 소묘 작품을 전시해요. 4층에는 고흐 자신의 컬렉션이자 그의 화풍에도 영향을 미친 우키요에 등을 전시합니다. 변색될 우려가 있기 때문에 상설 전시할 수 없는 편지 등은 기획전시 공간에서 만나볼 수 있어요. 그리고 고흐와 동시대를 살았던 로트레크와 쇠라, 마네와 인상파 화가 등 19세기 회화 작품도 감상할 수 있어요.

미술품 전시 외에 시청각실과 멀티미디어실에서는 고흐의 작품을 소개하는 영상이나 그림 기법을 과학적으로 분석한 화면을 통해 고흐 작품의 이해를 돕고 있어요.

주요 소장품으로는 〈해바라기〉〈아를의 침실〉〈자화상〉〈까마귀

〈자화상〉

가 있는 밀밭〉 등 고흐의 대표적인 유화 작품 200여 점과, 소묘 작품 400여 점, 그리고 그가 남긴 편지 700여 통이 있어요. 그 외에도 일본 목판화와 함께 고갱, 로트렉, 밀레 등 고흐와 교류한 화가들의 작품도 소장되어 있어요. 반 고흐 미술관의 연 관람객 규모는 약 200만 명이 넘는다고 합니다.

네덜란드에는 다양한 미술관이 많아요. 만약 세 곳 이상 방문할 계획이라면 1년권Museumkaart을 구입하는 것이 경제적입니다. 64.9유로로 네덜란드 전역의 400개 이상의 미술관과 박물관을 자유롭게 관람할 수 있어요. 현지 거주자들에게는 정말 가성비 좋은 문화생활 패스죠.

저도 언젠가는 암스테르담에 한 달 이상 머물며, 저렴하고 신선한 식재료로 직접 요리도 해 보고, 미술관과 박물관을 마치 내 집처럼 드나들며 여유롭게 즐기고 싶어요. 참고로 반 고흐 미술관의 개별 입장료는 한 번에 19유로나 되기 때문에, 여러 곳을 방문할 계획이라면 1년권이 훨씬 유리합니다.

반 고흐 미술관에서 인상 깊었던 작품 중 하나는 〈구두〉입니다. 이 작품은 고흐의 대표작으로 손꼽히며, 그가 파리에 처음 온 해에

〈구두〉

그랬어요. 고흐는 벼룩시장에서 낡은 구두를 구입한 뒤, 그것을 닳을 때까지 신고 다녔다고 해요. 그리고 그 구두를 모티브로 여러 장의 그림을 남겼죠. 작품 속 거칠고 닳아버린 구두에서는 그의 힘겨웠던 삶과 내면의 고독이 그대로 전해지는 듯합니다.

반 고흐의 첫 유화 작품인 〈감자 먹는 사람들〉1885년은 그가 네덜란드 뉘넨에서 그린 작품으로, 평생 가장 애정을 가졌던 작품 중 하나입니다. 1885년, 고흐는 길을 지나던 중 한 농부, 호르트 가족의 집을 방문하게 되었어요. 그들은 석유램프 불빛 아래서 감자를 먹고 있

〈감자 먹는 사람들〉

었고, 이 모습을 보고 깊은 인상을 받은 고흐는 그 장면을 그대로 화폭에 담았어요. 이 〈감자 먹는 사람들〉은 가난한 농부들의 힘겨운 삶과 노동의 가치를 사실적으로 표현한 대표작으로 평가받습니다.

〈꽃 피는 아몬드 나무〉는 고흐가 조카의 출생을 축하하기 위해 그린 작품으로, 고흐의 작품 중에서도 특히 따뜻하고 부드러운 분위기를 풍기는 몇 안 되는 작품 중 하나예요. 동생 테오는 편지에서 자신의 아들이 파란 눈을 가졌다고 전했는데, 이에 고흐는 아몬드 나무를 평면적으로 표현하면서도 다채로운 색감을 사용해 평화와 희망의 메시지를 담아냈어요.

〈꽃 피는 아몬드 나무〉

〈아를의 침실〉은 다양한 색조로 완전한 휴식을 취하고 싶었다는 고흐의 마음이 잘 담겨 있는 그림입니다. 당시 고흐는 생활이 궁핍하여 자신만의 작업공간이 없어서 카페, 식당, 길거리, 동생 테오의 집을 전전하며 그림을 그렸어요. 그러다 고흐는 동생 테오의 도움으로 아를의 '노란 집'에서 방 하나를 임대하여 비로소 정서적 안정과 충만함을 얻었어요.

고흐는 홀로 살았지만, 작품 속에는 베개, 의자, 액자 등을 두 개씩 짝지어 배치했어요. 이는 외로웠던 그의 마음을 반영한 것이 아닐까요?

〈아를의 침실〉

〈까마귀가 있는 밀밭〉은 고흐가 1890년 7월, 스스로 생을 마감하기 직전에 그린 작품입니다. 고흐에게 밀밭의 노란색은 빛에서 파생된 색이 었고, 그는 이에 매료되어 강렬한 필치로 작품을 완성했어요. 하지만 어둡고 낮게 드리운 하늘, 불길하게 날아오르는 까마귀 떼, 그리고 끝이 보이지 않는 갈림길은 그의 깊은 절망과 방황을 표현하는 듯합니다.

반 고흐 미술관을 나와 둥근 곡선을 이루는 미술관 건물과 맞닿아 있는 넓은 정원

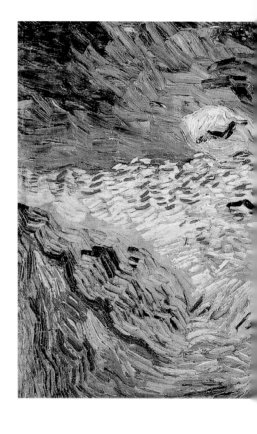

으로 발걸음을 옮겼어요. 푸른 잔디밭 위로 형형색색의 커다란 낙엽들이 뒹구는 모습이 마치 고흐가 이곳에서 그림을 그리고 있는 것 같은 느낌을 주었어요.

<까마귀가 있는 밀밭>

큰 나무들이 줄지어 서 있는 오솔길을 따라 천천히 걸으며 암스테르담에서의 여유로운 순간을 만끽했어요. "I amsterdam"이 새겨진 알록달록한 의자가 저절로 입가에 미소를 머금게 하네요.

잔세스칸스 풍차마을과 나막신 공방

암스테르담의 반 고흐 미술관을 나오니 어여쁜 관광가이드의 패션이 보통이 아닙니다. 자전거에 우산을 쓰고서 아주 열정적으로 설명을 합니다. 아마 반 고흐에 대해서 말하고 있겠지요?

거리의 카페에 한 남자가 앉아서 누군가를 기다리고 있는 것 같은

데 옆모습이 꼭 반 고흐를 닮았어요. 셀카로 함께 사진을 찍자고 말하고 싶었지만 용기가 나지 않아서 그냥 찰칵했어요. 물론 사전 동의도 받지 않았고요. 어쩌면 초상권 침해가 될지도 모르겠네요. 여러분도 이분의 얼굴을 한 번 보세요. 반

고흐의 먼 친척이나 자손일지도 모르겠지요.

암스테르담의 비 오는 거리에서 우산을 쓰지 않고 자전거를 타고 가는 사람들은 마치 이 도시의 여유로운 분위기를 그대로 담고 있는 듯해요. 그리고 1인승 빨간 자동차는 정말 눈에 띄어요. 한국에서 티코를 떠올리게 하는 모습인데, 뒷부분이 잘린 형태가 너무 귀엽고 깜찍해요. 마치 차의 천정에 머리가 닿을 것만 같은 운전자의 모습을 보며 웃음이 나왔어요.

버스로 30분 정도 달리니 풍차마을로 유명한 잔세스칸스가 나오네요. 잔세스칸스네덜란드어: Zaanse Schans는 네덜란드 노르트홀란트주 잔

담 인근에 위치한 마을입니다.

잔세스칸스는 네덜란드어로 '잔 강Zaan의 보루'를 뜻하는데, 이는 네덜란드와 스페인 간의 80년 전쟁1568~1648인 독립 전쟁에서 네덜란드 군대가 스페인 군대의 공격에 대비하기 위해 잔 강에 흙으로 요새를 건설한 데서 유래된 이름이랍니다. 16세기에 Zaan 지역에는 이러한 형태의 요새가 13개나 있었답니다. 덕분에 잔세스칸스는 네덜란드에서 스페인의 공격을 받지 않은 유일한 지역이었어요.

잔세스칸스Zaanse Schans 입구에 들어서니 푸른 초장 사이로 작은 강들이 있고 저 멀리에 풍차가 보여요. 17세기에서 18세기 사이에 지어진 풍차와 목조 가옥들은 그 시대의 역사를 그대로 간직하고 있어서, 마치 시간 여행을 하는 느낌을 줍니다. 그 외에 오랜 역사를 가진 나막신 공장, 치즈 공장이 있어요. 1994년에 지은 잔스 박물관도 있네요.

바로 이곳이 동화 속 풍경이 그대로 펼쳐져 있는 잔세스칸스 풍차마을입니다. 저기에 보이는 풍차들은 네덜란드에 있던 옛날 풍차들을 옮겨와 재조립하여 민속촌으로 꾸민 마을이라고 합니다. 그래서 주민들도 옛날 민족의상을 입고 생활한다고도 해요! 예쁘고 목가적인 집들과 나막신 공장, 치즈 공장이 일반인들에게 공개되어 있어서 비를 피해서 둘러봅니다.

암스테르담 풍차마을인 잔세스칸스는 네덜란드 여행 중 빼놓을 수 없는 여행 명소입니다. 1850년대부터 조성된 이곳은 서유럽에서 가장 오래된 산업 지역이자, 주민들의 거주지입니다. 일렬로 줄지어 있는 풍차를 통해 네덜란드의 과거 산업 형태를 만나볼 수 있어요.

이 지역이 번성하게 된 것은 17세기 황금시대입니다. 물 위에 있으면서 암스테르담 근처에 위치한 지리적 이점으로 산업 지역으로 번성하게 되죠. 이후 18~19세기에 이 지역은 전례 없는 산업 지역으로 발전합니다. 600개 이상의 공장이 활발히 운영되었습니다. 처음에는 목

잔세스칸스 풍차마을 입구 다리

조 공장이 대부분이었지만, 이후 종이, 향신료, 식품 및 페인트용 오일, 염료, 섬유, 밀가루, 코코아 가루 등이 풍차를 이용해 제조되었어요.

산업이 발달하면서 공장 외에도 공장 소유자, 상인, 고위 인사 등의 아름다운 집이 생겨났어요. 당시 매우 중요한 교통 동맥이었던 Zaan 강을 따라 이러한 집들이 생겨납니다. 집들은 녹색부터 베이지색, 하늘색까지 다채로움을 선보입니다.

이러한 지역적 특성이 현재의 잔세스칸스를 만들어 내었어요. 1961년 Zaan 지역을 재개발하면서, 주변에 있던 풍차 11개와 전통가옥 35채를 모아 네덜란드의 전형적인 전통마을로 재현해 놓았어요.

기술의 발전으로 현재 풍차는 활용 가치를 많이 잃어버렸지만, 그럼에도 불구하고 네덜란드의 유명 치즈 브랜드인 Henri Willig부터 향신료, 염료 등 풍차의 힘으로 만들어 내는 모든 제품을 볼 수 있어요.

다음은 잔세스칸스의 여러 풍차 중 일부입니다.

De Huisman 풍차는 향신료를 갈고 판매하는 곳으로, 이곳에서 후추 등 다양한 향신료를 구매할 수 있어요. 풍차 내부에서 전통적인 방식으로 향신료를 가는 모습을 볼 수 있다는 점이 흥미롭습니다.

De Gekroonde Poelenburg 풍차는 한때 200대의 풍차가 돌아가던 제재소입니다.

De Kat 풍차는 1664년에 지어져 오늘날에도 여전히 고품질의 페인트와 안료, 오일을 생산하는 공장입니다.

De Zoeker 풍차는 오일과 페인트, 코코아를 만드는 풍차로, 다양한 산업의 발전을 엿볼 수 있는 곳입니다.

De Bonte Hen 풍차는 석유를 만드는 풍차로, 몇 차례의 낙뢰에도 살아남았습니다. 아직도 풍차 공장에서 정기적으로 석유를 생산하고 있어요.

잔스 박물관

　　몇몇 풍차는 현재 기념품 상점으로 운영되고 있네요. 치즈나 향신료
등을 친지들에게 준다면 진짜 네덜란드 느낌을 선물할 수도 있어요.
　　잔세스칸스 입구의 'Zaans 박물관'에서는 네덜란드의 상징이 된 풍
차와 초록색 나무집의 역사, 산업, 초기 모습 등을 사진을 통해 보여

줍니다. 알록달록한 나막신도 진열되어 있네요.

　잔세스칸스의 나막신 공방Clog workshop에 들어서니 많은 사람들이 한 사람에게 집중하고 있어요. 콧수염과 꽁지머리를 한 청년이 대패와 기계 그리고 통나무를 가지고 관광객의 발 크기를 재더니 5분여 만에 전기드릴과 전기대패를 이용하여 나막신을 만들어 관광객에게 신겨줍니다. 나무로 된 신발이라서 딱딱할 텐데 아주 부드럽답니다.

　관중들은 박수와 환호로 나막신 장인에게 화답했어요. 완전 생활의 달인에 나오면 대박이겠어요. 나막신 공연장에 붙은 진열장에는 수많은 나막신들이 진열되어 기념품으로 팔리고 있어요. 바깥 포토존에는 몇 사람이 들어가도 될 만한 큰 나막신에 관광객들이 들어가

나막신 포토존   나막신 상점

사진을 찍고 있네요.

네덜란드는 옛날부터 물로부터 발을 보호하기 위해서 나막신을 신었다고 합니다. 그래서 나막신에 대한 역사와 만드는 방법 등을 전시해 두고 있어요.

나막신 장인의 설명에 의하면, 나막신은 세 단계의 공정을 거쳐 만들어진답니다. 첫 단계는 사각형의 통나무 목재를 어떤 기계장치에 넣고 2~3분 동안 돌려 통나무가 나막신 모양으로 깎여져 나옵니다. 다음은 다른 기계장치에 이 나막신을 올려놓고 장인이 이리저리 조정

하여 발을 집어넣을 공간을 파냅니다. 마지막으로 장인이 절단기 같은 공구로 외형을 다듬질하며 마무리합니다. 이 공정을 나막신 장인이 설명하며 실제로 시연하며 나막신을 5분여 만에 만들었어요.

나막신 상점을 나와 카타리나 호브 치즈 농장Catharina Hoeve Cheese Farm 건물에 들어가서 고다 치즈가 만들어지는 과정을 나무로 만들어진 인형들을 통해서 볼 수 있고, 그곳을 지나가면 치즈를 판매하는 가게가 나와요. 여기서 다양한 치즈들을 맛볼 수도 있고 구입할 수도 있어요.

잔세스칸스의 풍차 동화마을을 뒤로하고 이제 독일의 쾰른Köln으로 향하여 세 시간 정도 달리니 마스메켈렌 빌리지 아울렛이 나오네요. 여기서 민생고도 해결하고 살만한 물건들이 있으면 득템을 할 예정입니다.

마스메켈렌 빌리지는 동화마을처럼 아기자기하게 꾸며진, 연중 내내 할인된 가격에 쇼핑을 즐길 수 있는 대형 아울렛입니다. 스포츠 브

마스메켈렌 빌리지 아울렛

랜드, 패션의류 브랜드뿐만 아니라 주방용품 브랜드, 유명 초콜릿 브랜드 등의 매장과 각종 음식점이 입점해 있어 쇼핑과 식도락을 한꺼번에 즐길 수 있네요. 또한, 브뤼셀 시내를 오가는 유료 셔틀버스가 마련되어 방문하기 편리해 많은 여행객이 찾아오고 있답니다.

마스메켈렌 빌리지는 벨기에 브뤼셀, 독일 쾰른, 네덜란드 앤트워프가 만나는 교차점에 위치해 있습니다. 이곳의 95여 개 명품매장 중, '렌도브 럭셔리 다이아몬드' 주얼리 매장은 결혼을 앞둔 예비부부들에게 특히 인기 있으며, 다이아몬드를 할인된 가격에 구매할 수 있습니다.

또한, 림부르크의 장인 건축 양식이 반영된 마스메켈렌 빌리지는 우아하고 평화로운 분위기가 특징입니다.

레스토랑에서 식사를 마치고 몸이 한결 가벼워진 후, 이제 쾰른으로 향할 준비가 되었네요! 고고씽!

독일 »

쾰른

뤼데스하임

하이델베르크

Germany

쾰른 대성당

쾰른Köln 시내에 들어오니 검은색의 거대한 대칭형 첨탑을 가진 성당 건물이 눈에 들어옵니다. 바로 쾰른 대성당입니다. 쾰른 대성당의 회랑은 144m로, 세계에서 가장 긴 회랑 중 하나입니다. 회랑은 본당 입구에서 제단까지 이르는 긴 통로를 말하는데, 바닥부터 천장까지의 높이는 43.35m로, 보베 대성당48.5m과 밀라노 대성당46.8m, 팔마 데 마요르카에 있는 라 세우43.74m에 이어 세계에서 네 번째로 높아요.

쾰른 대성당에서 특히 깊은 인상을 주는 것은 성당을 가득 채운 스테인드글라스입니다. 그 중에서도 가장 독특한 것은 성당 남쪽 측랑에 설치된 다섯 개의 채색 창으로 이루어진 '바이에른 창'입니다. 이

바이에른 창 일부

창은 1842년 바이에른 왕 루트비히 1세가 기증한 것으로, 1848년에 창틀에 삽입되었습니다. 창문에는 성 요한 세례자, 카를 대제, 네 명의 복음사 등의 인물들이 묘사되어 있어 그 자체로도 중요한 역사적, 예술적 가치를 지니고 있습니다.

'바이에른 창' 맞은편에는 1507년에서 1509년 사이에 기증되어 설치된 다섯 개의 스테인드글라스 창이 있습니다. 이 창에는 쾰른 기사 성인들과 베드로의 성인담, 수난 장면, 성모 마리아 등이 그려져 있어요.

2007년 8월 25일 봉헌된 게하르트 리히터의 작품인 '리히터 창'은 제2차 세계대전 동안 파괴된 기존 스테인드글라스를 대신하여 성당의 남쪽 익랑에 설치되었습니다. 이 창은 그 색상과 거대한 규모로 성당에서 가장 유명한 창으로, 이 스테인드글라스는 현대 미술작품으로 11,263개의 색상을 입힌 균일한 유리 조각들로 구성되어 있어요.

쾰른 대성당은 쾰른 대교구의 중심 성당으로, 다양하고 화려한 종교적 예술작품들을 소장하고 있어요. 이탈리아 밀라

리히터 창

동방박사 유물함

노에서 쾰른으로 옮겨진 동방박사 유물함은 1190년에서 1225년 사이에 제작되었어요. 금으로 도금된 유물함 외면의 각 조각은 구약 성경의 시작으로부터 그리스도 재림의 종말까지 전체를 묘사하고 있어요.

그에 상응하여 옆면 아랫단에는 예언자와 왕들, 그 윗단에는 동방박사에 대한 경배, 요르단 세례, 심판자로 재림하는 신의 장면이 조각되어 있어요. 뒷면 아래쪽에는 예수의 수난과 십자가형이, 그 위쪽에는 유물함에 모셔진 성 펠릭스와 나르보르가 월계관을 받는 장면이 표현되어 있어요.

1308년에서 1311년에 제작된 후기 중세 양식의 내진 의자는 독일에서 가장 많은 104개의 좌석으로 이루어져 있어요. 서양에서 가장 예술적으로 의미 있는, 금으로 도금된 동방박사 성물함을 가장 가까이서 볼 수 있기 때문에 교황과 황제를 비롯한 주요 사회 계층 인물들만이 앉을 수 있는 의자입니다.

내진 의자에 그려져 오늘날까지 보존되어 전해지는 21개의 작품은 1332년에서 1340년에 제작되었어요. 남쪽 내진 의자에 그려진 일곱 개의 작품은 동방박사의 이야기를 묘사하고 있어요. 이 그림들은 밀라노에서 가져온 동방박사 유물함의 소유자로서 쾰른의 자부심을 나타냅니다. 유물함에 동방박사 세 명의 유골이 들어 있다고 합니다. 그런데 성경에는 동방박사가 세 명이라는 말이 없어요. 동방박사가 세 명이라고 하는 것은 아마 이 유물함에 세 명의 동방박사의 유골이 있고 설명하는 그림에도 세 명인 것에서 유래되지 않았나 추측해 봅니다.

쾰른 대성당의 중앙 제대는 1322년 9월 27일에 축성되었어요. 검은 대리석으로 제작된 제대는 총넓이 9.58㎡로 중세의 가장 크고 널리 알려진 기독교 제대 중의 하나입니다. 제단의 양 옆면은 하얀 대리석으로 마감되었으며 성모 마리아의 대관식을 새긴 앞면과 함께 양옆에 새겨진 각 여섯 개의 아치마다 12사도의 모습을 새겨놓았어요.

대성당은 총 11개의 종이 있으며 이 중 네 개는 중세 시대부터 존재하는 것입니다. 첫 번째 종은 3.8톤의 '동방박사 종'으로 1418년에 주조되어 1437년에 설치되었고 1880년에 다시 주조되었어요. 다른 두 개의 종은 각각 10.5톤의 '프레티오사'와 5.6톤의 '스페시오사'로 둘

아길롤프스 제단(Agilolphs altar)

다 1448년에 설치되었어요.

1975년 11월 2일 대성당의 북쪽 익랑에 맞대어 있는 구 성당 보물 전시관에 세 명의 도둑이 사다리와 등산 장비를 이용하여 침입, 십자 가와 성체 안치기를 훔쳐가는 사건이 발생하였어요. 도둑들은 결국 붙잡혔으며 높은 금고형을 선고받았어요. 그 과정에서 1657년에 금으

지하3층 보물 전시관

로 제작된 성체 안치기가 훼손되고 말았어요.

2000년 10월 21일 이래로 쾰른 대성당의 유물들은 성당 북쪽 지하, 13세기에 지어진 것으로 보이는 구조물을 개조하여 새로 지어진 성당 보물 전시관에 보관되어 전시되고 있어요.

쾰른의 성당 보물 전시관은 어두운 청동으로 이루어진 입구 건물을 통하여 들어가며, 지하 3층 총 여섯 개의 방으로 되어 있어요. 전시관은 총 500㎡로, 4세기에서 20세기 사이에 만들어진 귀중한 종교적 유물들을 소장하고 있어요.

전망대에서 본 시내 풍경

　쾰른 대성당의 첨탑에는 유료 전망대가 있어요. 높이가 157m에 계단이 533개나 되어 좁은 통로를 걸어서 오가면 30분은 족히 걸립니다. 힘들게 오른 계단만큼 100m쯤에 있는 전망대에서 내려다보는 쾰른Köln 시내의 풍경은 일품입니다. 철조망 사이로 호헨촐레른 다리와 라인강이 내려다보여요. 우리는 한강의 기적이고 독일은 라인강의 기적이라고 하는 바로 그 라인강입니다. 저 멀리에는 쾰른 방송타워와 시내의 모습도 눈 아래에 펼쳐집니다.

뤼데스하임 티티새 골목

　라인강가의 아름다운 주택들과 고성들을 바라보며 감탄하던 중, 도로 우측으로 철길과 라인강이 보이는 골목길로 들어섰습니다. 이곳은 독일에서 가장 아름다운 골목길로 손꼽히는 곳이며, 뤼데스하임Rüdesheim의 대표 명소인 티티새 골목입니다. 아마도 "독일-뤼데스하임-티티새 골목" 하면 가장 먼저 떠오르는 장면이 바로 이 철길 건널목과 라인강의 풍경일 것입니다. 철길이 있는 것을 보니, 기차역도 가까이에 있겠지요?

　뤼데스하임Rüdesheim은 라인강변의 타우누스 산맥 기슭에 자리 잡고 있으며, '라인강의 진주'라 불리고 있지요. 기록상 뤼데스하임이 처

게르마니아 여신 기념비

음 등장한 것은 864년입니다.

10세기경 마인츠의 대주교들이 사용했던 브렘저 성은 1200년대부터 주거지로 활용되었어요. 이 브렘저 성은 현재 포도주 박물관으로 운영되고 있으며, 포도주 제조에 필요한 도구들과 각 시대별 포도주 잔 등을 전시하고 있어요.

이곳에서 생산된 포도로 만든 라인 포도주는 세계적으로 유명하며, 뤼데스하임은 오랫동안 포도주 거래의 중심지 역할을 해왔습니다.

도시에는 중세의 특징을 간직한 목조 주택, 옛 숙박업소, 좁은 거리 등이 잘 보존되어 있어 과거의 정취를 느낄 수 있습니다. 또한, 니더발트 고원의 정상에는 1871년 독일 통일을 기념하여 1883년에 세워진 게르마니아 여신 기념비가 자리하고 있지요.

뤼데스하임의 들러 거리Drosselgasse를 제대로 즐기려면 다양한 명소를 방문해 보는 것이 좋습니다. 대표적인 명소로는 라인강 유람선, 와인 박물관, 티티새 골목, 곤돌라를 타고 감상하는 니더발트 언덕과 니더발트 기념비, 그리고 츠루미 거리와 투로셀가세Toroselgasse, 전통 와인 술집거리 등이 있습니다.

이제, 티티새 골목으로 가볼까요?

독일에서 가장 아름다운 골목 중 하나로 불리는 이곳은 기념품 가게, 포도주 상점, 커피숍, 의상실 등으로 가득한, 먹고 즐기는 쇼핑거리입니다. 하지만 우리나라와 다른 점은 건물의 지붕과 담벼락, 외관 디

자인이 독특하고 럭셔리하다는 것입니다. 골목 곳곳에는 중세의 특징을 간직한 목조건물들이 조화를 이루며 늘어서 있어, 마치 한 폭의 서양화를 보는 듯한 매력적이고 아기자기한 분위기를 자아냅니다.

　티티새 골목의 간판에는 가게가 판매하고 있는 상품의 이미지를 담아서 형상해 놓았는데 아마도 이렇게 싸늘한 가을이 아니고 꽃피는 봄이나 여름날엔 이 티티새 골목이 훨씬 더 예쁠 것 같아요.

티티새는 딱새 과에 속하는 참새의 일종으로 암컷의 깃털은 갈색, 수컷은 검정색이며 노란색 부리를 갖고 있어요. 티티새가 좋아하는 포도 품종인 메를로Merlot와 연관이 있어요.

티티새

포도 품종 중에서 캡이 권위를 지닌 제왕에 비유된다면 메를로는 여러 가지 면에서 우아한 마담을 연상케 하는 품종입니다. 메를로는 특히 프랑스의 보르도Bordeaux 지역에서 가장 거칠고 남성적인 특징을 지닌 캡과 절묘한 조화를 이루는 품종으로 잘 알려져 있어요. 100% 캡으로 빚은 와인은 때때로 공허한 느낌을 줄 수 있는데, 이러한 빈 공간을 완벽히 채워주는 품종이 바로 메를로입니다.

'메를로Merlot'란 말의 어원은 '멜르Merle', 즉 티티새의 프랑스어에서 유래됐다고 합니다. 이 '멜르'라는 말은 "가장 나쁜 적"이란 의미를 가지고 있는데, 이는 이 새가 조생종인 메를로 포도 열매를 게걸스럽게 잘 먹어치워 농부들에게 큰 피해를 입혔기 때문에 붙여진 이름입니다.

마치 우리나라 토종 새인 까마귀와 흡사한 모양새를 가졌는데요, 우리나라의 까마귀가 흉조인 것처럼 이 티티새도 별로 사랑을 받지 못했나 봅니다. 하기사 한 해 농사 실컷 지어 놓았는데 난데없이 나타나 열매를 모조리 따먹어 버리면 사랑받을 리 없지요. 우리의 농촌에는 조류 피해를 막기 위해 허수아비도 세우고, 거짓 대포도 쏘고, 심지어 망까지 씌워서 과수를 보호하는데 프랑스에서는 어찌하는지 잘 모르겠어요.

메를로는 일찍 익는 조생종이기 때문에 농부들에게 더 큰 미움을 받았을 가능성이 있습니다. 또한, 이 티티새는 알자스 로렌 지역을 배경으로 한 알퐁스 도데Alphonse Daudet의 유명한 작품《마지막 수업La Dernière Classe》에도 등장합니다. 특히《어느 알자스 소녀의 이야기L'Histoire d'une jeune Alsacienne》에서는 이 새가 중요한 역할을 하기도 합니다.

그날 나는 등교가 무척 늦어졌어요. 게다가 아멜 선생님이 분사법分
詞法에 관해 질문하겠다고 하셨는데, 나는 전혀 모르고 있었기에 책망을
들을까 봐 꽤 겁이 났어요. 그래서 나는 차라리 학교를 가지 않고 벌판
이나 싸다닐까 하고 생각해 보기도 했어요. 날씨는 활짝 개어 있었어요.
숲 가에서는 티티새가 떼 지어 지저귀고, 제재소 뒤 리뻬르 들에서는 프
러시아 군대들이 훈련하는 소리가 들려왔어요. 이것들이 나에게는 분사
법보다 더 마음에 들었지만, 나는 참고 학교로 뛰어갔어요.…중략…

또 요시모토 바나나의 소설《티티새Titisee》는 주인공 츠구미가 중
심이 되는 감동적인 휴먼스토리입니다. 이 소설에서 티티새는 '개똥지
빠귀'를 의미하며, 죽음을 넘어서서 세상을 바라보던 츠구미의 상징적
인 존재입니다.

독일의 뤼데스하임Rüdesheim이라는 와인 산지는 티티새 골목이 있
는 '라인강의 진주'라고 불리는 작은 와인 도시로, 라인강 중부 관광
의 메카이자 일 년 내내 와인과 관련된 각종 이벤트가 끊이지 않는
곳입니다.

독일의 대문호 괴테Goethe, 1749~1832는 이 도시의 풍광에 빠져 여기
서 와인에 취해 많은 글을 남겼다고 합니다. 괴테의 시 〈가을의 느낌〉

을 감상해 봅니다.

탐스럽고 푸르른 포도 잎사귀
가지를 드리우며 창가로 다가오네
동그란 구슬이 되어라
쌍둥이 포도송이여 무르익어라.

그대들을 상쾌하게 흔드는 것은

풍요로 가득 찬, 사랑 넘치는 드넓은 하늘

그대들을 으스스 춥게 만드는 것은

달님 공주의 상냥한 마법의 입김.

와인이 입술을 통해 혀끝으로 전달되는 순간은 '사랑하는 여인과

의 첫 키스'만큼이나 감미로웠으며, 와인을 마시기 직전의 감정은 '사

모하는 사람을 만나기 직전의 설렘'과 비슷하다는 말을 남긴 괴테의 말을 빌리지 않더라도 여기서라면 와인은 모든 사람의 연인이 될 수 있을 듯합니다.

　귀엽고 깜찍한 이름의 티티새 골목에 들어서니 내리막 골목입니다. 좁은 골목 옆의 포도나무 덩굴이 우리를 맞아주며 작은 카페들

과 관광객들이 좁은 티티새 골목을 가득 메우고 있어요. 마주 오는 사람들의 어깨가 맞닿을 것 같아요. 오가는 외국인들의 표정들도 참 밝아요. 함께 사진을 찍자고 먼저 제의를 해옵니다. Why not?이죠. 함께 사진을 찍은 스페인 아저씨들의 표정이 참 푸근합니다.

티티새의 드로셀 골목과 만나는 오버 거리Oberstraße도 풍경은 비슷합니다. 드로셀 골목보다는 조금 더 넓은 거리, 그러나 어쨌든 좁은 거리에는 관광객과 관광 열차 등으로 항상 분주합니다. 이곳에도 와인숍과 레스토랑이 가득하니, 뤼데스하임에서 식사 때가 되면 드로셀 골목부터 오버 거리까지 걸어보며 자신의 마음에 드는 곳을 찾아볼 수 있어요. 주로 일본이나 중국인을 대상으로 하기는 하지만, 어떤 가게에서는 한글로 '그린' 간판도 만날 수 있어요.

하이델베르크 대학교와 하이델베르크 성

하이델베르크 대학교는 독일 바덴뷔르템베르크 주 하이델베르크 시에 위치한 국립대학교입니다. 정식 명칭은 'Ruprecht-Karls-Universität Heidelberg'입니다. 이 대학교는 1385년 팔츠 선제후 루프레히트 1세에 의해 설립되어 독일에서 가장 오래된 대학으로, 총 33명의 노벨상 수상자를 배출한 연구 중심의 명문대학교입니다. 독일의 하버드 대학교라는 별칭이 있지만, 하버드 대학교는 1636년에 설립되었으므로 역사적으로 보면 하이델베르크 대학교가 먼저입니다. 즉, 하버드 대학교는 미국의 하이델베르크 대학교인 셈입니다.

하이델베르크 대학교의 캠퍼스는 총 네 곳으로 나뉘어 있습니다.

하이델베르크 대학교

관광객들이 주로 방문하는 구시가지 캠퍼스Campus Altstadt에는 인문학
과 사회과학 계열 학부가 위치해 있습니다. 노이엔하이머 펠드 캠퍼
스Neuenheimer Feld에는 의학과 자연과학 계열 학부와 함께, 독일 국립암
연구소DKFZ, 막스플랑크의학연구소Max-Planck-Institut für medizinische Forschung
등 많은 의학과 생물학 연구소들이 자리잡고 있습니다. 하이델베르
크-베르크하임 캠퍼스에는 경제학, 정치학, 사회학 연구소가 있으며,
캠퍼스 만하임에는 만하임 대학병원 소속의 의학부가 하나 더 위치하
고 있습니다.

하이델베르크 성에서 본 네카어강과 카를 테오도르 다리

ARWU 세계 대학랭킹에서는 세계 50위권, 2023년 기준 독일 내 1 위로 선정되었어요. QS 세계 대학랭킹에서는 언제나 유럽 내 5위권 대학교, 세계 60위권 대학교에 선정되고 있어요. THE 세계 대학랭킹 에서는 꾸준히 세계 40위권 대학교로 선정되고 있어요. NTU 세계 대 학랭킹에서는 세계 60위권, 독일 내 1위로 선정되고 있어요.

전반적으로 모든 영역에서 발달되었으나 특히 의학, 자연과학, 인 문학, 사회과학 분야가 매우 발달되었어요. 자연과학 중에서는 물리 학과 생물학, 인문 사회과학 계열 중에서는 역사학, 심리학, 신학 등이 세계적으로 유명합니다.

제가 아는 김영한 교수님은 하이델베르크 대학교에서 신학박사 학 위를 취득했어요. 독일 140개 대학 중 독일 정부의 우수대학육성정 책Exzellenzinitiative에서 우선 지원 대상인 최우수대학Exzellenzuniversität으로 세 차례 모두 선정된 단 여섯 개 대학 중 하나입니다.

하이델베르크 성독일어: Heidelberger Schloss은 독일의 유명한 유적이고 하이델베르크의 랜드마크입니다. 독일 남서부 바덴뷔르템베르크주에 있는 도시 하이델베르크에 위치하고 있어요.

하이델베르크 성은 방어를 위해 만든 요새로 1255년에 만들어졌 으며, 선제후가 머물면서 주거용 궁전으로 보수되었어요. 이후 신구교 간 종교 전쟁과 제2차 세계대전 등으로 인해 훼손되어, 복원할 수 있 는 자료가 명확하지 않아 일부는 손상된 모습을 유지하고 있어요.

성 안에는 세월의 흔적을 간직하고 있는 여러 건축물들이 있으며, 성
벽과 해자, 프리드리히 관, 약국 박물관, 오토하인리히 관 등 볼거리가
다양합니다.

하이델베르크 성의 역사는 순탄하지만은 않았어요. 성터 위에서
갖가지 일들이 일어났고, 그로 인해 성의 운명이 여러 번 바뀌었기 때
문입니다.

하이델베르크에 있는 성이 처음 언급된 시점은 1214년으로, 루드
비히 1세가 호헨슈타펜 황제 프레드리히 2세에게 받았을 때입니다.
1615년, 메리안의 Topographia Palatinatus Rheni에서는 왕자 루드비
히 5세가 "새로운 성을 100년 넘게 짓고 있다"라고 표현했습니다. 18
세기까지 성에 대한 대부분의 정보는 메리안의 기록에서 나온 것이었
습니다.

1618년부터 1648년까지, 독일에서는 개신교프로테스탄트와 로마 가톨
릭교회 간에 종교 전쟁이 발발했어요. 이것이 바로 30년 전쟁이고, 이
전쟁 기간 동안 하이델베르크 성은 양 진영으로부터 공격을 받고 점
령당하는 등 심각한 피해를 입게 되었어요.

30년 전쟁이 끝난 이후 재건축 작업에 착수했으나 1689년과 1693
년 프랑스와의 전쟁으로 제대로 된 복원 작업이 이루어질 수가 없었
어요. 그리하여 성은 더욱더 황폐해졌어요. 그 이후에도 성을 복원하
기 위한 노력이 있었으나, 1764년 번개로 인해 화재가 발생하여 성의

외부에서 본 하이델베르크 성과 주변 풍경

하이델베르크 성 내부 프리드리히 궁

일부가 또다시 훼손되었어요. 그러자 그 이후 지역 주민들은 폐허가된 성에서 필요한 돌이나 자재들을 가져갔어요. 이탈리아의 콜로세움도 주민들이 돌을 가져가서 집을 짓는 석재로 사용했다지요.

이러한 하이델베르크 성의 훼손에 대해 작가 빅토르 위고는 "이 성은 유럽을 뒤흔든 모든 사건의 피해자가 되어 왔으며, 지금은 그 무게로 무너져 내렸다."라고 말하기도 했어요.

성의 복구 여부에 대해서는 오랫동안 논란이 있었어요. 1868년, 시

인 볼프강 뮐러 폰 쾨니히스뷘터 Wolfgang Müller von Königswinter 는 성의 원
상복구를 강력히 주장했어요. 같은 해, 'Castle Field Office'가 설립되
어 주요 건물에 대한 보존 및 수리 계획을 구상하는 역할을 맡았어
요. 그 결과, 1890년에 성의 복구가 이루어졌고, 복구에 대해 회의적
이었던 사람들의 논란은 종식되었어요. 복구된 부분은 프레드리히
건물로, 화재로 피해를 입은 부분만 재건되었어요.

　이후 하이델베르크 성은 과거 역사에 대한 유의미함을 가지며 각

나라의 관광객들의 흥미를 끄는 유명한 유적지가 될 수 있었어요.

하이델베르크 성은 여러 가지의 볼거리들이 많아, 관광객들의 발걸음이 끊이지 않는 곳이죠. 뿐만 아니라 하이델베르크 성에서는 기념 행사나 축제 등이 열리기도 합니다.

하이델베르크 성의 정원은 1616년에 착공되어 1619년에 완공되었어요. 프레드리히 5세가 사랑하는 아내 엘리자베스1596~1662를 위해 정원을 만들 것을 주문하여 정원 건축가 살로몬이 이를 설계하였어요. 또한 프레드리히 5세는 1615년에 아내를 위해 하루 만에 엘리자베스의 문을 세우기도 했어요.

하이델베르크 성의 지하에는 세계에서 가장 큰 포도주 술통이 있어요. 이 술통은 1751년 선제후 카를테오도어 때 제작되었어요. 술통의 높이는 약 7m이며 폭은 약 8.5m에 이르고, 약 221,726리터58,124갤런만큼의 술을 보관할 수 있어요.

거대한 술통 맞은편에는 페르케오의 목상이 서 있어요. 페르케오는 하루에 18리터의 포도주를 15년 동안이나 마신 대주가로 항상 술에 취해 있었답니다. 그는 80세까지 장수하였으나 의사가 건강을 위해 술을 끊어야 한다고 하자 바로 그 다음 날 세상을 떠났다고 합니다.

하이델베르크 성의 축제는 매년 6월부터 8월 사이에 열립니다. 이 축제는 라인-네카어의 축제 중 상위 15개 축제에 속하며, 오페라, 오페레타, 연주회, 어린이와 청소년 극장, 콘서트 등의 콘텐츠가 다양하게

세계에서 가장 큰 포도주 술통과 대주가 페르케오 목상

포함되어 있어요.

독일의 대문호 괴테Goethe, 1749~1832는 하이델베르크에서 유부녀인 빌레머부인롯테과 잊지 못할 사랑을 나누게 되는데, 이 때문에 그녀를 연모하는 심경을 고백한 시집《서동시집》을 내기도 했어요. 또한 이를 기념하여 "여기서 나는 사랑을 하고, 그리하여 사랑을 받으며 행복했노라."라는 내용의 비석을 만들기도 했어요.

하이델베르크 성에서는 가끔 결혼식을 올리는 커플이 있기도 합니다. 2009년 2월부터 성에서의 결혼식이 가능해졌어요. 하이델베르크 성 내부의 예배당에서 일 년에 약 100커플 정도가 결혼식을 올린답니다.

또한 성에서는 6월과 9월의 첫째 주 토요일과 7월의 둘째 주 토요일 라이팅 쇼를 벌이기도 합니다. 1689년, 1693년, 1764년 세 번의 성의 침체기를 기념하기 위해서입니다. 처음 두 번은 프랑스와의 전쟁으로 인한 것이었고, 1764년에는 번개로 인해 성이 훼손된 바 있어요.

북해 발트해 여행스케치를 읽으며
행간 행간에서 발견되는
애국에 대한 마음을 읽을 수 있었습니다.

이병원 교수님의 아프리카 여행스케치, 인도 네팔 스리랑카 여행스케치, 지중해 아드리아해 여행스케치에 이어 북해 발트해 여행스케치를 발간함에 있어 추천사를 쓰게 되어 영광으로 생각합니다.

제가 공직자로서 오랜 세월을 보내다 보니 항상 염원해 왔던 세계여행을 제대로 할 수 없었는데《김찬삼의 세계여행》의 김찬삼 교수님의 제자이신 이병원 교수님이 세계 약 90개 나라를 다니며 쓰신 여러 권의 여행스케치를 읽으며 간접으로나마 세계여행을 할 수 있어서 저에게는 참 의미가 있었습니다.

이병원 교수의 북해 발트해 여행스케치를 읽으며 행간 행간에서 발견되는 애국에 대한 마음을 읽을 수 있었습니다. 읽다가 눈이 침침해질 때쯤이면 푼수 끼의 아재 개그가 미소를 짓게하며 시간 가는 줄 모르고 마지막까지 읽게 되는 마법의 책이라고 감히 말씀드릴 수 있습니다.

전 국가보훈부 장관
박민식

　"Latte is horse"의 영어문장이 갑자기 나타납니다. 제가 외무고시도 패스했기에 영어는 어느 정도 하는데 라떼커피가 말이라니 이게 무슨 말이지? "내 때는 말이야"에서 빵 터졌어요. 혹시 옆에서 누가 보지나 않았나 하며 주위를 살핀 적도 있어요.

　본서에서 눈길이 간 장면을 한 번 볼게요. "옛날 옛날 옛적에 우리나라의 박정희 대통령께서 독일의 코헴을 방문하여 이 지역의 특산품인 리슬링 와인을 맛보고 감탄하여 우리나라에도 이 포도 품종을 심어 와인을 생산하면 좋겠다고 했어요. 이 지역의 토양과 기후가 비슷한 경상북도에 이 포도 품종을 심어 와인을 생산했어요. 바로 마주앙 모젤을 그대로 가져와서 마주앙 와인을 만들었지요. 드디어 한국산 와인을 마실 수 있었어요. 그 마주앙 와인이 코헴 와인이라는 사실에 놀랐어요. 당시에 상품명을 외국어로 할 수 없는 시절이었음에도 불구하고 그냥 마주보고 앙~하는 이름 정도로 인식시켜 상표 검열에 무사히 통과되었답니다. 코헴이 한국의 마주앙 와인의 원조임을 알게 되니 기술 지도와 상표 사용에 대한 로얄티도 제대로 주지 않았을텐데 쬐끔 미안해지며 고마운 마음이 듭니다. 믿거나 말거나…"에서 박정희 대통령님의 나라와 민족을 사랑하는 마음을 읽을 수 있었습니다. 마주앙이라는 우리나라 최초의 와인에 대한 내력을 현지에서 느낀대로 알려주어서 고맙기도 했습니다. 지금은 프랑스의 고급와인을 우리나라가 가장 많이 수입한다고 하지요. 마주앙과 같은 국산 와인들을 우리 국민들이 더 사랑했으면 하는 마음입니다. 충북 영동에 가면 큰 와이너리가 있지요. 독일의 코헴에서 품었던 박정희 대통령님의 바람이 어느 정도 실현되지 않았나 생각해봅니다.

독일의 비스바덴을 지나며 독일의 바덴바덴에서 발표된 88올림픽 개최지 결정 순간을 설명하는 장면에서 당시 조상호 대한체육회장이 사마란치 올림픽조직위원장의 "세울"이라는 발표와 함께 단상으로 뛰어나가는 장면을 설명하는 순간의 감격을 함께 느낄 수가 있었습니다. 그 이면의 공로자인 정주영 회장님의 차분함은 나라를 위하고 나고야의 일본을 위로하는 처신이 참 귀감이 됨을 느꼈습니다. 나라를 사랑하는 방법에는 기쁨을 바로 표시할 수도 있고, 때로는 인내하며 자중하는 법도 있음을 읽을 수 있었습니다.

독일의 트리어에서 태어난 마르크스 때문에 세계의 역사가 바뀐 사실을 보고 한 사람의 영향력이 얼마나 큰지도 깨달을 수 있었습니다. 대중교통이 무료인 룩셈부르크를 보며 우리나라도 통일이 되어 잘살게 되면 대중교통을 무료로 사용할 수 있지 않을까 기대도 해봅니다.

17세기의 세계 최고의 궁중화가인 루벤스가 한복을 입은 남자를 그렸다니 믿기지가 않았습니다. 이 장면을 베니스의 개성상인의 소설과 연계하면서 풀어나가는 장면도 인상이 깊었습니다.

우리나라 축구 응원의 상징인 붉은 악마의 기원이 벨기에라는 사실을 알게 되었고, 축구를 사랑하는 영국, 벨기에, 네덜란드에서 축구의 열기를 느낄 수 있었어요. 히딩크 감독이 바로 네덜란드 출신으로 우리나라를 월드컵 4강에 진출시킨 장본인이 아닙니까? 지표면이 바다보다 낮은 열악한 환경에서 세계적인 농업국가가 되고 문화도 앞서가는 네덜란드에서 우리나라가 배울 점이 많음을 느낄 수 있었습니다.

영국의 프리미어리그에서 뛰고 있는 손흥민 선수와 프랑스에서 뛰고 있는 이강인 선수 덕분에 우리나라의 국격이 얼마나 많이 올라갔습니까? 여러 방면에서 우리 국민 한 사람 한 사람이 나라를 위해 얼마나 많은 기여를 할 수 있는지 알 수 있습니다.

아일랜드가 식민국가인 영국에서 독립하여 이를 악물고 노력하여 드디어 1인당 국민소득이 영국을 추월하자 스파이어 타워를 세워 국민들의 자긍심을 높여주고 있음을 보고 우리나라도 식민국가였던 일본을 제치며 1인당 국민소득이 일본을 추월한 기념비로 세종로에 아일랜드의 스파이어 타워처럼 높은 타워를 세웠으면 하는 생각입니다.

북아일랜드의 벨파스트에서 벌어진 종교 간의 분쟁으로 아직도 시내 한복판에 벽이 있다는 장면에서 우리나라에서는 절대로 종교 간의 분쟁이 발생하지 않아야 한다는 생각과 정치권의 분쟁의 정도가 너무 심하다는 자책감을 느끼기도 합니다.

노르웨이의 오슬로 시청사에서 노벨평화상을 받은 김대중 대통령의 장면이 스웨덴 스톡홀름 시청사에서 노벨문학상을 받은 한강 작가를 떠올리게 하며 한국인으로서의 자부심을 느낍니다.

스웨덴 스톡홀름에 있는 바사호 박물관에서 임진왜란의 이순신 장군의 거북선보다 30~40년 늦었지만 배의 크기와 단단함이 상상을 초월하는 정도였는데 첫 항해에서 타이타닉처럼 침몰하고 말았답니다. 침몰 330년만에 인양하여 지금은 박물관을 만들어 원형 그대로 전시하며 관광수입도 짭짤하게 올리고 있음을 보고 우리나라도 제대로 된 거북선 박물관 하나쯤은 있어야겠다는 생각이 들었습니다.

이병원 교수님의 북해 발트해 여행스케치를 읽으며 남모르는 미소를 지었으며 각 나라들의 역사와 문화, 종교 그리고 관광자원들에 대하여 깊이 있는 혜안으로 그려준 스케치에 많은 배움을 얻었음을 밝히며 본서 출간을 다시 축하드립니다.

관광학자의 눈으로 역사와 문화 그리고
문명을 꿰뚫는 혜안으로, 간간이 섞는 유머로
읽는 이로 하여금 미소를 짓게 합니다.

자랑스런 후배 이병원 교수님이 아프리카 여행스케치, 인도 네팔 스리랑카 여행스케치, 지중해 아드리아해 여행스케치에 이어 북해 발트해 여행스케치를 발간함을 예수님을 믿는 저로서는 하나님께 무한한 감사를 드리며 축하합니다.

이병원 교수의 북해 발트해를 읽으며 북해와 발트해를 접한 나라들을 여행하며 관광학자의 눈으로 역사와 문화 그리고 문명을 꿰뚫는 혜안으로 간간이 섞는 유머로 읽는 이로 하여금 미소를 짓게 합니다.

야구로 말하자면 1루 베이스는 베네룩스 3국과 독일을 연상시키고, 2루 베이스는 영국과 아일랜드를 떠오르게 하고, 3루 베이스는 스칸디나비아 반도의 핀란드, 노르웨이, 스웨덴이 생각납니다. 홈 플레이트는 한국, 나아가 저 하늘 천국이 아닐까 생각합니다.

1루 베이스 독일에서 1517년 마틴 루터가 종교개혁을 일으켜 개신

전 SK 와이번스 감독
이만수

교가 탄생하여 이 세상을 바꾸었지요. 독일에서 시작된 개신교가 영국의 국교가 되고 미국도 개신교의 청교도 정신으로 건국되었지요. 룩셈부르크와 벨기에 그리고 네덜란드를 여행하며 크리스천의 시각으로 서구 유럽의 발전사를 뚫어보는 혜안이 책의 구석구석에서 발견됩니다. 구교와 신교의 충돌 지점인 하이델베르크 성에서 베니스의 개성상인의 줄거리를 떠올리게 합니다. 벨기에와 네덜란드는 개신교와 가톨릭 신자들의 구성에 따른 지역이 구분되고 있다는 사실을 발견할 수 있습니다.

1루 베이스 독일의 트리어에서 목사의 아들인 마르크스가 탄생하여 이 세상에 사회주의와 공산주의를 만들어 영국의 엥겔스와 사회주의 이론을 발전시켜 러시아에서 소련 공산국가를 탄생하게 하는 엄청난 역사를 만들었다는 사실을 알 수 있습니다.

2루 베이스인 영국과 아일랜드에서 영국과 잉글랜드의 차이를 명확하게 설명해 주었고, 영국의 헨리 8세가 가톨릭에서 독립하여 개신교인 성공회를 만들어 영국의 국교가 되도록 하여 우리 조선과 한국의 기독교에 지대한 영향을 미쳤지요.

이 교수가 웨일스를 지나며 한국의 최초 순교자인 토마스 선교사가 바로 이 웨일스에서 파송되었음을 상기시키고, 지금은 쇠퇴되어 가고 있는 웨일스 신학교를 서울의 사랑의교회가 빚진 자로서의 심정으로 다시 일으키고 있음을 일깨워 주었어요.

아일랜드는 오랜 세월 동안 영국의 지배를 받아오면서 한국이 일본에 대해 느끼는 반항심이 강하여 영국의 성공회를 억지로 국교로 믿기도 했지만 영국으로부터 독립 후 영국의 성공회보다는 가톨릭의 영향이 더 강함을 알 수 있어요. 북아일랜드는 영국 소속이다 보니 개신교 영향이 크지만 일부 지역에서의 가톨릭 세력들과 근대까지 무력 충돌이 있어 왔고, 벨파스트 시내 한복판에 두 종교간의 장벽이 아직까지 있다는 사실을 알 수 있었어요.

스코틀랜드는 장로교의 본산지로서 많은 선교사들을 파송하여 대표적으로 아프리카로 리빙스턴을 중국에 존 로스 선교사를 파송하여 중국의 심양에서 존 로스 선교사 님은 최초로 한글 성경을 만들어 조선에 보급했음을 알 수 있어요. 그리고 1910년 스코틀랜드의 수도 에든버러에서 세계선교대회를 개최했을 때 조선에서 15명의 대표들이 당시에는 비행기도 없었는데 배를 타고 수개월에 걸쳐 에든버러에 도착하여 선교대회에 참석했어요.

당시 한국은 960만 명의 인구 가운데 20만 명의 성도로 급성장했어요. 개신교가 소개된 지 불과 25년 만에 2.1%의 성도를 차지한 것은 놀라운 일이었어요.

그 다음은 한국에서의 주요 사역을 보고하였는데 초기 한국교회에는 해외의 8개 교단 선교활동을 하였고, 307명의 선교사와 23개의 선교부가 있었음을 알 수 있어요. 15명의 조선 대표 중 유일하게 조선인인 윤치호는 미국과 영국에서 유학하여 외무대신을 한 자로 유창한 영어로 조선의 기독교에 대하여 설파하여 참여자들에게 큰 감동을 주었고, 다음 연사인 우간다 대표가 연설한 다음 우간다를 아프리카의 조선이라는 찬사를 들을 정도로 이 선교대회에서 조선은 에든버러 세계선교대회의 주인공이 되었답니다.

스코틀랜드의 종교개혁자 존 녹스 상과 함께 사진을 찍은 장면은 참 인상적입니다. 이 교수는 한 지역을 지나며 한국과 관련된 내용들은 하나도 놓치지 않고 자상하게 설명을 해 주어서 고마울 따름입니다. 2루 베이스가 야구장의 한가운데 있다보니 설명이 길어졌네요.

3루 베이스인 스칸디나비아 3국은 일찍이 개신교의 영향을 받아 가톨릭의 영향은 미미함을 알 수 있어요. 노르웨이는 보여지는 나라이고 핀란드는 느껴지는 나라로 외유내강의 나라임을 알 수 있어요. 노르웨이는 주택 수보다 사우나 수가 더 많은 나라로 사우나도 순수 핀란드어랍니다.

헬싱키의 암석교회는 기존의 교회 모습을 완전히 깨뜨린 교회로, 교회 내부는 천연 암석의 특징을 살린 독특한 디자인입니다. 암석 사이로 물이 흐릅니다. 외부의 암석 벽은 극한의 기후와 화염포로 인한 타격으로부터 교회를 보존하기 위해 고안된 것으로 오래된 핀란드의 숲을 연상시킵니다. 우리나라에도 이런 암석교회 같은 교회가 있으면 좋겠어요.

제가 야구인으로 일평생 살아오다 보니 후배 이병원 교수님의 북해 발트해 여행스케치를 야구에 빗대어 설명을 했어요. 3루를 지나 홈플레이트는 제가 주로 4번 타자를 하다 보니 홈런을 치고 4루 홈플레이트에 들어올 때가 최고로 기분이 좋았어요.

후배 이병원 교수님의 네 번째 여행스케치의 추천사를 쓰게 됨도 의미가 있네요. 또 제가 크리스찬이다 보니 북해와 발트해를 접한 나라들의 기독교에 대한 관심이 많이 갔어요. 또 우리나라와 관련된 기독교에 대해서는 더 관심을 갖고 읽으며 은혜를 많이 받았어요.

아무쪼록 본서가 독자들에게 홈런을 선사하는 책이 되기를 기도합니다.

화가인 제가 그림을 그리고 스케치를 하는데
이병원 교수가 여행스케치를 여러 권 발간하니
스케치는 꼭 그림으로만 하는 것이 아니네요.

항상 저에게 부러움의 대상이 되는 친구 이병원 교수님의 아프리카 여행스케치, 인도 네팔 스리랑카 여행스케치, 지중해 아드리아해 여행스케치에 이어 북해 발트해 여행스케치 발간을 축하드립니다.

화가인 제가 그림을 그리고 스케치를 하는데 이병원 교수가 여행스케치를 여러 권 발간하니 스케치는 꼭 그림으로만 하는 것이 아니라는 것을 깨닫게 해 주었어요. 오랜 기간 동안에 이병원 친구가 보내주는 카톡의 여행스케치의 애독자가 되었어요. 이 친구가 여행을 갔는데 여행기가 카톡방에 올라오지 않으면 카톡방에 빨리 여행기를 올리라며 독촉도 했었답니다.

최근에는 긴 글의 여행기 대신 언제 유튜브를 배웠는지 쿠바에서 올드카를 타고 아바나 시내를 누비는 유튜브를 보며 부러워하다 못해 질투심까지 느낍니다. 아무튼 중미여행의 유튜브와 "마술하는 이병원 교수님의 양파 담아 내기 강좌"를 보며 즐기워하고 있어요. 여러분

강남대 교수, 화가
이우채

들도 유튜브에서 "하스뻐럴"로 검색하면 "하스뻐럴@이병원-w3i"이 나
옵니다. 모든 콘텐츠가 재미있음을 화가이자 교수인 제가 보증을 합
니다.

　제가 그림을 그리다보니 이병원 친구가 방문한 네덜란드 암스테르
담의 반 고흐 미술관 방문기에 눈길이 갑니다. 네덜란드에는 미술관
이 여러 개 있네요. 네덜란드에서 3개 이상의 미술관을 방문할 예정
이면 1년권museumkaart을 사는 것이 유리하답니다. 64.9유로로 1년 내
내 네덜란드 내의 400개가 넘는 미술관과 박물관을 자유롭게 드나
들 수 있어요. 실거주자들에게 참 저렴한 유럽을 실감하게 되네요.
저자도 언젠가는 이 암스테르담에 한 달 이상 머물며 저렴한 식재료
를 이용한 맛있는 요리와 네덜란드의 미술관과 박물관을 제집 드나
들 듯이 즐기고 싶다네요. 반 고흐 미술관의 입장료는 한 번에 19유
로나 되는군요.

이병원 친구가 안도라를 여행하며 보낸 카톡 내용에 반 고흐가 프랑스의 아를로 가지 않고 인근의 안도라로 갔었다면 정신병원에 입원하지도 않았을 터이고 자살도 하지 않았을 것이라고 했어요. 왜냐하면 안도라는 안 도니까요.

루벤스가 사랑한 안트베르펜의 성모 성당Onze-Lieve-Vrouwekathedraal은 유난히 뾰족해 보이는 첨탑이 특징인 성당입니다. 루벤스의 작품 4점이 이 성당에 있으며,《플랜더스의 개》가 안트베르펜을 배경으로 하고 있어요. 즉, 네로가 보고 싶어 했던 루벤스의 그림이 있는 성당이 이곳입니다. 루벤스가 그린 한복을 입은 남자는 1617년 정도에 벨기에 안트베르펜에서 그린 것으로 추정되는 작품으로 망건과 도포를 걸친 모습이 특징입니다. 이 그림은 당시 1592년 임진왜란 때 조선의 청년이 유럽으로 건너가 큰 부자가 된 베니스의 개성상인 소설의 주인이 아닌가 하는 추측을 하기도 합니다.

또 이병원 친구가 노르웨이의 수도 오슬로에 있는 뭉크미술관을 방문했네요. 뭉크미술관은 입구에서 표를 끊어서 4층으로 가서 뭉크의 일생에 대한 설명을 보았네요. 뭉크는 조실부모했는데 아버지는 교회만 다녔고 5남매를 두었어요. 어머니는 뭉크가 5세 때 폐결핵으로 돌아가셨고, 한 살 위인 누나 소피도 14세 때 일찍 죽었답니다. 뭉크는 엄마와 누나의 죽음을 예술로 승화시켰어요. 뭉크의 그림 중에는 여성에 대한 그림이 많아요. 각각 층별로 주제가 다릅니다. 4층은 사랑이 주제입니다. 뭉크의 첫 사랑의 여인의 그림이 있어요.

뭉크의 첫 여인은 뭉크를 떠나 재혼을 해서 뭉크의 그림을 보면 뭉크의 가슴에 구멍이 뚫린 것 같아요. 이후에 툴라라는 여성이 뭉크에게 청혼을 했어요. 첫 결혼에 질린 뭉크는 청혼을 거절했어요. 툴라는 마지막으로 딱 한 번만 만나자고 해서 만난 자리에서 툴라는 결혼해 주지 않으면 권총으로 자살하겠다고 했어요. 이를 말리다가 권총에 뭉크의 왼쪽 손의 중지가 짤렸어요. 이후로 뭉크는 왼손에 장갑을 항상 끼게 되었어요.

뭉크의 대표적인 그림은 뭐니뭐니 해도 〈절규〉죠. 〈절규〉의 그림이 한 개인줄 알았는데 4개나 되는군요. 한 개는 개인이 소장하고 있으며 3개는 판화와 유화인데 번갈아 가면서 전시하고 있어요. 유화와 판화의 〈절규〉를 감상할 수 있는 영광을 누렸답니다. 〈절규〉의 그림을 보면 아마 뭉크가 정신질환을 앓았거나 불안정할 때에 그린 그림 같아요. 노을 물들 때 친구 2명과 산책 중에 세상이 무너지는 느낌으로 하늘도 곡선으로 일렁이고 있어요. 이는 뭉크 자신이 절규하는 모습인데 주위 환경이 무너져 내리며 자연이 절규하는 것을 듣기 싫어서 자신이 귀를 막고 있는 것 같아요. 뭉크는 표현주의의 선구자였지만 당시에는 혹평을 받았어요.

이병원 친구의 뭉크미술관 방문기를 읽으며 제가 뭉크미술관을 직접 방문한 느낌이었어요. 관광학자로서 본 세계 여러 나라에서 본 그림들에 대한 설명은 이전의 지중해 아드리아해 여행스케치에서 몰타의 성 요한 대성당의 카라바조 작품인 〈세례 요한의 참수〉의 설명에서도 미술학도 같은 느낌이 들기도 했어요.

친구 이병원 교수가 쓴 이병원 교수의 북해 발트해 여행스케치를 읽으며 저의 눈길은 미술과 관련된 대목에 머물고, 이 부분에 대한 글을 적었어요. 책을 읽으며 항상 느끼는 것은 이병원 교수의 여행스케치는 여러 분야로 배울 것이 많고, 간간이 있는 아재 개그와 유머가 재미있고, 읽다 보면 시간가는 줄 모릅니다. 많은 독자들에게 읽혀지기를 바라며 본서 출간을 다시 축하드립니다.

북해 발트해
여행 스케치

베
네
룩
스

초판 1쇄 발행 2025년 5월 27일

글 · 사진 이병원 / **발행인** 김윤태 / **교정** 김창현 / **북디자인** 디자인이즈
발행처 도서출판 선 / **등록번호** 제15-201 / **등록일자** 1995년 3월 27일
주소 서울시 종로구 삼일대로 30길 23 비즈웰 427호 / **전화** 02-762-3335 / **선송** 02-762-3371

값 20,000원
ISBN 978-89-6312-637-1 03920

본 도서는 2024년도 경희사이버대학교 연구비 지원에 의한 결과임(KHCU 2024-8).